Só podia ser mulher!

Claudia Marquesani

Só podia ser mulher!

Manual de sobrevivência para as mulheres (e homens que trabalham com elas) na área de tecnologia

BRASPORT

Rio de Janeiro
2024

Editor: Antonio Muniz
Produção Editorial: Marina dos Anjos Martins de Oliveira
Operação Editorial: Monaliza Rosario
Editoração Eletrônica: Rinaldo Mickus e Gleyce Roberta
Capa: Rinaldo Mickus

Dados Internacionais de Catalogação na Publicação (CIP)
(Câmara Brasileira do Livro, SP, Brasil)

Marquesani, Claudia
Só podia ser mulher– : manual de sobrevivência para as mulheres na área de tecnologia (e homens que trabalham com elas) / Claudia Marquesani. – Rio de Janeiro : Brasport Livros e Multimídia, 2024.

ISBN 978-65-6096-032-9

1. Autoajuda (Psicologia) 2. Carreira profissional - Administração 3. Maternidade 4. Mulheres - Aspectos psicológicos 5. Tecnologia I. Título.

24-225135 CDD-158.1082

Índices para catálogo sistemático:

1. Mulheres : Carreira profissional : Sucesso : Psicologia aplicada 158.1082

Eliane de Freitas Leite - Bibliotecária - CRB 8/8415

BRASPORT Livros e Multimídia Ltda.
Rua Washington Luís, 9, sobreloja – Centro
20230-900 Rio de Janeiro – RJ
Tel./Fax: (21) 2568 – 1415
e-mails: marketing@brasport.com.br
vendas@brasport.com.br
editorial@brasport.com.br
www.brasport.com.br

FSC
www.fsc.org
MISTO
Papel | Apoiando o manejo florestal responsável
FSC® C111076

Só podia ser mulher!

Claudia Marquesani

Só podia ser mulher!

Manual de sobrevivência para as mulheres (e homens que trabalham com elas) na área de tecnologia

BRASPORT

Rio de Janeiro
2024

Editor: Antonio Muniz
Produção Editorial: Marina dos Anjos Martins de Oliveira
Operação Editorial: Monaliza Rosario
Editoração Eletrônica: Rinaldo Mickus e Gleyce Roberta
Capa: Rinaldo Mickus

Dados Internacionais de Catalogação na Publicação (CIP)
(Câmara Brasileira do Livro, SP, Brasil)

Marquesani, Claudia
Só podia ser mulher– : manual de sobrevivência para as mulheres na área de tecnologia (e homens que trabalham com elas) / Claudia Marquesani. – Rio de Janeiro : Brasport Livros e Multimídia, 2024.

ISBN 978-65-6096-032-9

1. Autoajuda (Psicologia) 2. Carreira profissional - Administração 3. Maternidade 4. Mulheres - Aspectos psicológicos 5. Tecnologia I. Título.

24-225135 CDD-158.1082

Índices para catálogo sistemático:

1. Mulheres : Carreira profissional : Sucesso : Psicologia aplicada 158.1082

Eliane de Freitas Leite - Bibliotecária - CRB 8/8415

BRASPORT Livros e Multimídia Ltda.
Rua Washington Luís, 9, sobreloja – Centro
20230-900 Rio de Janeiro – RJ
Tel./Fax: (21) 2568 – 1415
e-mails: marketing@brasport.com.br
vendas@brasport.com.br
editorial@brasport.com.br
www.brasport.com.br

FSC
www.fsc.org
MISTO
Papel | Apoiando o manejo florestal responsável
FSC® C111076

Prefácio

Escrever um livro é um ato de coragem e ousadia, principalmente em se tratando de tocar em uma ferida tão latente quanto equidade de gênero. Claudia tem estas duas qualidades de sobra. Penso que o prefácio deve passar para o leitor a percepção sobre o livro, que tive o privilégio de ler primeiro – é isto que tento fazer aqui. Começo com um pouco de contexto.

Equidade de gênero é um grande problema global. Dos 146 países pesquisados pelo World Economic Forum em 2024, no seu esperado relatório Global Gender Gap Report (PAL; PIAGET; ZAHIDI, 2024), o Brasil ocupa a desonrosa septuagésima posição, com índice 71,6% do gap de gênero. Isso não é o mais desanimador: a melhoria da média global de 2023 para 2024 foi de apenas + 0,1 ponto percentual, passando de 68,5% para 68,6%. Estima-se que levaremos 134 anos para fechar a lacuna (aproximadamente em 2158). Com -1 porcento de redução em relação ao ano passado (72,6% in 2023) e tendo caído 13 posições no ranking, o Brasil é o 16º em 22 países da América Latina. Como podemos melhorar isso?

E as injustiças sociais não terminam por aí: segundo dados do Instituto Brasileiro de Geografia e Estatística (IBGE), a diferença salarial entre homens e mulheres atingiu 22% no final de 2022. Isso significa que uma brasileira recebe, em média, 78% do que ganha um homem. Temos ainda o famoso terceiro turno: ainda segundo o IBGE, as mulheres dedicam, em média, 11 horas semanais a mais às demandas domésticas em comparação aos homens (DYNIEWICZ, 2023).

Tudo isso só reforça a percepção de que o Brasil é uma sociedade patriarcal. A preocupação com equidade de gênero é muito recente – nossas avós, na sua maioria, só estavam preocupadas em encontrar um bom marido e estariam felizes por toda a vida, afinal o homem era o "arrimo de família". A visão da sociedade era de que a mulher que trabalhava o fazia porque o marido era "incompetente" para sustentar sua casa – consegue imaginar também o impacto psicológico nos homens? Então não era incomum o marido obrigar a mulher a parar de trabalhar nem as empresas demitirem as mulheres quando se casavam.

O voto feminino só foi introduzido há menos de 100 anos, com o Código Eleitoral de 1932. Em 09 de maio de 1960, a primeira pílula anticoncepcional foi aprovada nos EUA, o que revolucionou hábitos sexuais e ajudou a consolidar a mulher no mercado de trabalho, dando-lhe a liberdade de escolha. Foi também a época dos movimentos feministas que abriram os olhos das sociedades para a necessidade do tratamento equânime entre gêneros.

Contudo, foi apenas em 1962 (há apenas 60 anos) que o Estatuto da Mulher Casada conferiu às mulheres direitos como trabalhar, receber herança e comprar imóveis sem a autorização do marido. Ou seja, estamos na adolescência da liberdade individual feminina.

Adorei ler este livro – aliás, o devorei em pouco tempo, porque contém dados e histórias que fundamentam todos os capítulos e podemos sentir que não estamos sozinhas. Muitas de nós passamos pelas mesmas dificuldades para subir na carreira tanto no passado como ainda hoje.

Claudia aborda os vieses de gênero, que todos temos, em função de nossa cultura e educação. Quem nunca parou para refletir se estava sendo igualmente justo(a) com ambos os sexos?

E na maternidade? É possível não se sentir culpada quando se deixa um bebê em casa e volta para o trabalho? Tive um pediatra, quando nasceu meu segundo filho, que foi uma luz na minha vida ao afirmar "almoço é convenção social; por que não amamenta na hora do seu almoço e ele come papinhas às 16h?". Pode imaginar como me ajudou a me sentir menos culpada? Claudia explora muito bem vários casos sobre esse tema também.

Ressalta com habilidade a importância das *soft skills* nos ambientes de trabalho atuais e como as mulheres podem estar em vantagem por suas habilidades.

A área de tecnologia tem um *gap* enorme de pessoas treinadas que serão necessárias para os postos de trabalho nos próximos anos. Se o Brasil não aproveitar a força de trabalho feminina (52% de sua população), estaremos ainda em maior desvantagem. O livro mostra os caminhos mencionando áreas novas onde todos, homens e mulheres, estão começando o aprendizado em pé de igualdade.

Apresenta ainda inúmeros casos atuais de mulheres, sobre nossos malabarismos do cotidiano, com as quais certamente nos identificamos e aprendemos. As histórias nos ajudam a encarar os desafios de nossas carreiras.

Coroando tudo isso, Claudia ainda nos presenteia com um manual de bolso: frases que podem levantar nosso astral naqueles dias mais difíceis, dicas práticas para ajudá-la a avançar em sua carreira e bibliografia riquíssima que embasa este estudo.

Os números do WEF mostram que se nada for feito por governos, empresas e sociedade, nunca recuperaremos este *gap* histórico e tudo o que fizermos ainda será pouco! Este é um livro de cabeceira para homens e mulheres, é uma luz no fim do túnel porque mostra os problemas e indica soluções.

Ainda existem homens que não acreditam que existe discriminação de gênero. Os casos aqui contados podem, se forem mentes abertas, fazê-los cair na real e se preparar para apoiar ações que ajudem a tornar as vidas de suas esposas, filhas, sobrinhas e amigas mais leve. As mulheres encontrarão aqui vasto material de pesquisa e apoio, assim como "causos" que vão lhes mostrar que não estão sozinhas!

Obrigada por nos trazer este presente que, certamente, nos acompanhará em nossas jornadas de vida e carreira!

Ione de Almeida Coco

Agradecimentos

A todos que direta ou indiretamente contribuíram para a construção dessa história.

Ao meu marido e aos meus filhos, tudo isso é com vocês e para vocês. Obrigada pelo amor e apoio incondicionais, mesmo durante minhas ausências.

Aos meus pais (*in memoriam*), cada palavra desta obra é parte da maior herança que vocês poderiam ter me deixado: o exemplo e a educação.

Aos meus orientadores, professor Albertin e professora Ana, que guiaram grande parte do conhecimento e da pesquisa aqui contidos.

Agradecimento especial à professora Martha, que compôs a banca do meu mestrado. Palavras bem direcionadas têm o poder de mudar uma trajetória de vida. Ela disse: "Claudia, ao avaliar seu trabalho, me senti lendo um livro". E foi a partir desse comentário que a ideia, a motivação e o trabalho tornaram este livro possível e real.

E, finalmente, para todos que possuem sonhos que parecem distantes. Apenas continuem. Construam tijolo a tijolo. Todo sonho é possível se você não estagnar.

Sumário

SUMÁRIO

Capítulo 1

Como este livro nasceu: contrariando as estatísticas, eis minha história na TI

"Tudo aquilo que afeta a um diretamente, afeta a todos indiretamente."

Martin Luther King, Jr.

1.1. Por que escrevi este livro

Eram seis horas da manhã e o despertador tocou depois de uma noite em claro. Meu filho, com meses, estava com febre e um *go-live* (entrada em produção) de um grande projeto de sistemas me esperava no trabalho nas próximas horas. Olhei para a criança, pensei no meu trabalho e percebi que essa era uma conta que nunca vai fechar. Não existe equilíbrio para as mães profissionais. Ser mulher e trabalhar fora trata-se apenas de escolher suas prioridades, renunciar às muitas outras, ter força para lidar com suas culpas e seguir.

Se você é mulher da área de tecnologia e já pensou em desistir, deixou seu filho em casa ou na escola com o "coração na mão", sentiu-se sozinha em uma sala de reuniões repletas de homens falando sobre futebol ou teve seu conhecimento técnico questionado e invalidado, este livro é para você. Se você é homem e tem dificuldades de entender os desafios que as mulheres enfrentam na área, possui filhas, irmãs, sobrinhas e se preocupa com o futuro delas, esse trabalho também foi feito para você.

Só podia ser mulher! Quantas vezes você, em seus mais diversos ambientes e contexto, não ouviu essa frase? Parece apenas uma brincadeira, mas toda vez que a ouço penso... sim, só podia ser mulher mesmo. Para passar por tudo que passamos, para estar onde estamos, para tentar ser quem realmente podemos ser e para mostrar a determinação que mostramos, só podia ser mulher.

E é em meio a um *checklist* de coisas para fazer, casa para arrumar, filhos para cuidar e projetos para entregar, que me peguei refletindo sobre a minha trajetória na área de Tecnologia da Informação (TI) e percebi que preciso compartilhá-la, porque nossos desafios e dificuldades são quase sempre os mesmos. As perguntas que sempre me fizeram foram: "Como uma menina do interior de Minas Gerais, filha de pais sem ensino fundamental completo, chegou a ocupar cadeiras executivas de tecnologia em grandes empresas? Qual o segredo de ter sucesso em uma área predominantemente masculina?".

Essas perguntas, que tantas vezes me foram feitas ao longo da minha carreira, não possuem uma única resposta. Contudo, me impulsionaram a escrever este livro, no qual compartilho minha jornada, as dificuldades, as superações e os aprendizados, visando inspirar e gerar empoderamento para que outras mulheres trilhem seu próprio caminho no universo da TI. O objetivo, afinal, é deixar um legado, um "manual de sobrevivência" para aquelas meninas que estão em busca de seus sonhos e ser um farol e um guia de carreira em um segmento no qual temos poucos modelos e quase nenhuma inspiração. Para os meninos, espero que ao ler o livro se identifiquem com várias situações e entendam que a participação de mulheres na área de tecnologia e os desafios que enfrentamos são responsabilidade de todos. Não existem culpados, apenas aliados, e queremos contar (também!) com o apoio de vocês.

Este livro foi inspirado e construído basicamente em três pilares: (i) minha história na área de tecnologia; (ii) o resultado da pesquisa que conduzi no meu mestrado, que buscou os fatores que mais impulsionam e desafiam as mulheres no segmento; (iii) e a história de colegas e amigas que também enfrentaram desafios e conseguiram superá-los, sendo hoje inspiração para tantas outras. Portanto, foi escrito por mim, mas tem participação indireta de dezenas de mentores, colegas, professores, familiares e amigos que transformaram a forma como vejo o mundo, lidero e atuo na área. Também reúne em seu conteúdo um misto de teoria científica e prática, cujo objetivo é inspirar, transformar e reforçar a participação e a relevância das mulheres em tecnologia. Se, ao lê-lo, você sentir que saiu mudado e inspirado a transformar a vida de outras pessoas, sendo você homem ou mulher, nosso objetivo estará cumprido. Nosso propósito é trazer um convite para que todos abracemos a mudança, rompamos barreiras e façamos a construção de um futuro no qual a diversidade seja a força motriz da inovação.

Nossa carreira deve, sim, ser um meio de sobrevivência, mas, acima de tudo, um instrumento de contentamento pessoal, respeito, realização e transformação do mundo e da sociedade em que vivemos. Em um mundo onde cada vez mais se fala em inteligência artificial, que sejamos a inteligência humana capaz de transformar as relações de trabalho e a sociedade em um mundo mais igualitário, justo e feliz para todos nós.

Nota importante: alguns "causos" aqui contados já foram apresentados em palestras, *podcasts*, meu TEDx Women e artigos. Contudo, como boa "mineira", eu sempre gosto de repetir (as boas) histórias e agora optei por deixá-las por aqui, escritas e publicadas para a posteridade.

1.2. Contrariando as estatísticas

"Você tinha tudo para dar errado". Eu ouvi essa frase do meu avô materno em uma celebração de Natal, alguns anos após a morte da minha mãe. E, realmente, olhando para o passado, talvez eu tenha que ter tido uma força adicional para superar as adversidades e contrariar as estatísticas. Sou filha de pais que não possuem o ensino fundamental completo, nasci em uma cidade pequena, longe da tecnologia e... vamos combinar? Meu grande sonho nunca foi trabalhar com computadores...

Entretanto, ainda assim, eu sempre tive muitos ideais. Na minha opinião, querer e sonhar é a força motriz de qualquer pessoa para realizar algo nesse mundo. Eu sempre quis mudar de cidade, ter sucesso, construir minha carreira. Sonhava morar em uma metrópole, viajar, ser jornalista, bancária... então a realidade é que eu não escolhi a tecnologia, mas, pelas circunstâncias dos fatos, ela me encontrou.

Desde muito cedo tive em mente que as minhas opções eram limitadas, mas a vontade de vencer não. Lembro-me de ter uns oito anos e minha brincadeira predileta não era brincar de boneca. Eu me sentava em uma mesa, começava a escrever em papéis (nessa época computador ainda era uma realidade distante!), carimbar e fazer assinaturas em documentos. Ali já me imaginava em uma grande empresa, uma mesa de escritório e com colegas de trabalho. Eu tinha ambição e um desejo tão grande de mudança que ali o plano já estava traçado.

Filha caçula de pai mecânico e com diferença de idade para meu irmão do meio de quase dez anos, sempre fui bastante solitária. Minha mãe era dona de casa e cuidava apenas da família. Estava sempre empenhada em me educar para que eu estudasse e tivesse uma carreira sólida, na qual não dependesse de ninguém. Meu pai era o mecânico da cidade. Destaco a palavra **o mecânico** porque era referência no conserto de caminhões que apoiavam a safra da lavoura de café – atividade forte na região. Sem a primeira série primária completa, mas com capacidade intelectual para conduzir a contabilidade de sua oficina, foi ele a primeira referência profissional para mim. Ele me ensinou o valor do trabalho e da responsabilidade, de resolver os problemas de maneira bem-humorada e a máxima de que é preciso estudar e conduzir sua carreira por si mesmo, independentemente das circunstâncias do destino. Ele foi açougueiro, caminhoneiro, aprendiz de mecânico e finalmente, depois de muita economia, abriu sua oficina e fez dela referência na cidade.

Sabendo das dificuldades de sua profissão, a grande preocupação do meu pai era que meu irmão se tornasse também mecânico e não estudasse... ele falava isso claramente, e em casa todos tínhamos que estudar. Esse mesmo receio meu pai já não tinha comigo, pois me levava sempre para sua oficina. Afinal, eu era menina, não é? Que risco poderia haver de eu me interessar por algo técnico como motores e caminhões? Garota curiosa que era, eu gostava de ver os capôs abertos e muitas vezes as peças desmontadas, gostava de perguntar sobre seu funcionamento... ali, mesmo sem que eu percebesse, nascia meu primeiro mentor e interesse pela carreira técnica. Em meio a motores, graxa e ferramentas, despertei a curiosidade e o fascínio pelo mundo das máquinas e da solução de problemas.

Deste recorte de momento à decisão de que a tecnologia seria o meu caminho, não passou muito tempo. Sempre acreditei que aproveitamos grandes oportunidades quando nossa intuição se encontra com aquilo que construímos de conhecimento até aquele momento, no contexto no qual estamos inseridos. E ter tido um exemplo de profissão, contato com a área técnica e, principalmente, o incentivo de que eu poderia ser o que quisesse, foram fatores que fizeram toda a diferença na minha trajetória.

Então, recapitulando, em 1994, eu era apenas uma menina curiosa, filha de um mecânico, apaixonada por carros, eletrônicos, escrita e livros, com o sonho de ser jornalista. Meu irmão, recém-formado em Direito e promotor de justiça, era o orgulho da família. Minha irmã, catorze anos mais velha que eu, era professora formada em Letras, enfrentando dificuldades em uma cidade pequena com poucas oportunidades. Observando essas realidades, eu me perguntava: qual seria meu futuro? Ser babá, advogada ou professora? Nenhuma dessas opções me empolgava. Como poderia ser jornalista, estando onde estava?

Um dia, na oitava série, um colégio técnico nos visitou, recrutando alunos para o "vestibulinho". Ofereciam um curso de informática industrial, aproximado ao que hoje chamamos de mecatrônica. Eu nunca tinha visto um computador, era algo totalmente novo. Contudo, ao ouvir o diretor falar, senti algo se conectar dentro de mim e pensei: "Essa é a minha chance de criar um futuro diferente!"

Ainda tendo em mente que queria fazer o colégio técnico de "computador" (era assim que se explicava naquela época), ao chegar em casa contei à minha mãe sobre meu desejo de tentar uma bolsa na escola de informática. Como esperado, ouvi que aquilo não era "coisa de menina". Meu pai também ficou cético. Minha família era incrível, mas esse cenário era muito novo para eles. Mesmo assim, me deixaram fazer a prova. E eu fui aprovada. O próximo desafio era convencer meus pais tradicionalistas a me deixarem morar fora e sozinha, em uma cidade vizinha, para estudar em período integral. Eu tinha apenas 14 anos. Após muita conversa, e com a ajuda do meu irmão, que apoiou minha decisão, meus pais foram convencidos. Minha história é um lembrete de que, mesmo em face de adversidades e desafios, é possível persistir e seguir em frente.

No colégio técnico, me deparei com um ambiente predominantemente masculino. Foi a primeira vez que tive contato com o estereótipo do preconceito na área de tecnologia. Frequentemente ouvíamos piadas dizendo que seríamos apenas "programadoras de micro-ondas". Muitas colegas desistiram, mas escolhi ignorar essas falas. Sempre me enxerguei como igual e pensava aonde eu queria chegar e o que deveria fazer para um dia estar lá. Como minoria, eu estava sempre no centro das atenções, no "holofote", e meus colegas e professores analisavam cada movimento meu. Qualquer erro parecia ser amplificado: se fosse bem em matemática, era porque eu era mulher, se fosse mal, era porque eu era mulher também! Havia uma constante necessidade de provar meu valor. Essa pressão me motivou a estudar ainda mais. Tinha meus pontos fracos, claro. Não era boa em desenho técnico e física, mas me destacava em programação e nas disciplinas de humanas. Essas duas áreas de força, embora eu não soubesse na época, foram fundamentais para a minha trajetória. Um dia, ao chegar chorando em casa com uma nota baixa, meu pai me disse: "você não precisa ser excelente em tudo, aliás sempre teremos fraquezas. Concentre-se e potencialize o que você faz de melhor e use isso a seu favor". Essa sabedoria me guiou. Mesmo enfrentando preconceitos e desafios, continuei focada nas minhas habilidades, ignorei as críticas e criei meu próprio caminho na área de tecnologia.

Meu plano era terminar o curso técnico e em seguida seguir meu sonho, cursando uma graduação em jornalismo. Acontece que escolhemos nossos caminhos, mas nem sempre eles nos escolhem... um mês após a formatura, eu perdi minha mãe. No dia do meu vestibular para jornalismo, eu estava no velório, me despedindo da D. Neusa, minha mãe, com então 48 anos. Eu tinha 17 anos recém completos. Só quem já teve uma perda dessa magnitude em sua vida sabe o impacto que isso tem para seu futuro. Quando perdemos alguém que amamos, tudo à nossa volta fica suspenso. Eu não queria mais pensar no amanhã (ele viria mesmo?), ou estudar, ou mesmo trabalhar. Eu me preocupava em como meu pai, meus irmãos e minha família estavam se sentindo, em como tudo se acomodaria sem a presença da minha mãe, que antes era tudo para nós. Como nos reorganizaríamos como família? Na minha mente, havia espaço apenas para essa pergunta e nada mais.

Decidi então seguir o caminho mais fácil. Já que havia me formado em um curso técnico de TI, seria através dele que eu conseguiria algum apoio financeiro para ajudar lá em casa. Comecei então a procurar emprego. E me deparei com o primeiro "não" da minha carreira. Em uma entrevista de emprego, fui informada de que a vaga era para um homem, pois eu teria que lidar com a linha de produção, "chão" da fábrica e desmontar computadores. Isso era "inadequado" para mim, segundo o *feedback* que recebi. Indignada, me questionei: "por que não é possível que eu faça essas coisas sendo mulher?". Essa pergunta se tornou o meu mantra, me impulsionando a superar cada obstáculo e provar que eu era capaz dali por diante.

Com muito esforço e dedicação, consegui meu primeiro estágio em uma escola de informática. Ali, aprendi a importância do trabalho em equipe, da empatia e da comunicação – habilidades que me acompanharam ao longo de toda a minha jornada. Em meio a desafios pessoais e profissionais, a dor e o luto foram passando e a tecnologia se tornou o meu refúgio e minha força. Foi através do trabalho que me encontrei como pessoa. Fiz faculdade, depois mestrado, agora doutorado. Trabalhei em diversas empresas, ocupei diferentes cargos e, com o tempo, fui construindo uma carreira sólida e bem-sucedida. E hoje faço (aquela) graduação em jornalismo que tive que adiar. Escrever este livro é uma forma de encerrar e realizar aquele sonho lá do passado. Os sonhos podem ser adiados, mas nunca devem ser esquecidos.

Contando assim minha história, parece que foi simples, mas não foi. A jornada não foi nada fácil. Enfrentei o preconceito e a discriminação por ser mulher em um ambiente majoritariamente masculino. Tive que me desdobrar para conciliar a maternidade com a carreira, renunciando a momentos importantes com meus filhos e família em prol do trabalho. Trabalhar em tecnologia e ser mãe exige malabarismos constantes (deve exigir também da mãe profissional que está lendo esre livro nesse momento). Fui mãe aos 23 anos e precisei adiar os estudos para criar meu primeiro filho. Naquela época, não havia a possibilidade de deixar o trabalho para me dedicar à maternidade. Tive que organizar uma verdadeira logística para cuidar do meu filho, contando com a ajuda de babás, escolinhas e parentes. Houve vezes em que precisei levar meu filho comigo para viagens de trabalho, acomodando-o em quartos de hotel enquanto eu participava de reuniões. Era uma rotina exaustiva, mas eu sabia que estava construindo um futuro melhor para ele e para mim. Lembro-me de um projeto crítico em uma grande empresa onde o sistema inteiro caiu. Passei a noite toda trabalhando na recuperação, enquanto meu filho dormia no sofá do escritório. Essas experiências me ensinaram a ser resiliente e a saber que sim, fazemos escolhas, priorizamos coisas e tudo bem, não é possível sermos perfeitas em tudo.

O fato é que eu nunca desisti e sempre busquei dar o meu melhor em tudo o que fiz, com energia e amor. Ao longo dos anos, aprendi que a tecnologia não é apenas sobre códigos e máquinas, mas também sobre pessoas e seus sonhos. É sobre usar o conhecimento e as ferramentas certas para transformar vidas, negócios e a sociedade como um todo. Hoje, como executiva de uma grande empresa de tecnologia, me sinto realizada e grata por tudo o que conquistei. Entretanto, sei que a minha história é apenas uma entre tantas histórias de outras mulheres que, diariamente, enfrentam desafios e superam obstáculos para construir uma carreira sólida e uma vida digna. Mais tarde, quando fui escolher o tema da minha pesquisa de mestrado, a inspiração veio das palavras de um dos meus professores: "sua pesquisa deve ter o tema pelo qual você gostaria de ser lembrada". Essa frase ressoou profundamente em mim. Eu queria ser lembrada por ajudar outras mulheres a encontrarem seu espaço na TI, uma área ainda tão dominada por homens. Decidi que minha contribuição para a pesquisa seria entender melhor a nossa participação na tecnologia e buscar maneiras de aumentá-la. Parte do conteúdo dela também compartilho nesta obra com você.

Contrariei as estatísticas. Eu não "dei errado". Apesar de que, a pergunta que fica agora é: o que é "certo" e "errado" para você? Hoje, do alto da minha maturidade, entendo que o "certo" é seguir nossa intuição, buscar nossos sonhos e ter mais dias bons que ruins durante nossa jornada. Por isso, escrevi este livro. Para compartilhar minha experiência, inspirar outras mulheres e homens e mostrar que, com determinação, coragem e perseverança, é possível alcançar o sucesso em qualquer área de atuação. Mesmo que tenhamos dias ruins. A inspiração e o conhecimento, de como compreender e superar os desafios que nós, meninas, enfrentamos na área da tecnologia, podem ser a diferença entre desistir ou continuar, suceder ou fracassar. O futuro da tecnologia é também feminino e nós fazemos parte dele.

Capítulo 2

Nem sempre foi assim: histórias de mulheres fortes na TI

"Cada um de nós deve ter permissão para crescer até onde nosso talento e trabalho árduo puderem nos levar."

Margot Lee Shetterly, escritora estadunidense de não ficção, autora do livro Hidden Figures, que inspiraria mais tarde o filme "Estrelas Além do Tempo".

Se você é mulher e já sentiu algum preconceito ao atuar na área de tecnologia, saiba que temos vários exemplos de mulheres fortes e que foram pioneiras e determinantes para a TI ser o que ela é hoje para o mundo. A história da tecnologia é repleta dessas figuras que desafiaram as convenções e deixaram sua marca. Mesmo que muitas vezes tenham sido ofuscadas ou esquecidas ao longo da história, é impossível negar a importância de suas contribuições. Neste capítulo, conheceremos algumas dessas mulheres notáveis e suas inspiradoras trajetórias.

2.1. Ada Lovelace: a visionária da programação

Nascida em 1815, Ada Lovelace foi uma matemática e escritora inglesa, filha do famoso poeta Lord Byron. Desde cedo, demonstrou grande interesse por ciências e matemática, incentivada por sua mãe, que a educou para seguir uma carreira intelectual. Em 1833, Ada conheceu o matemático Charles Babbage, inventor da Máquina Analítica, considerada a precursora dos computadores modernos. Fascinada pela invenção, Ada traduziu e anotou um artigo sobre a Máquina Analítica, adicionando suas próprias ideias e observações. Em suas anotações, Ada descreveu um algoritmo para calcular os números de Bernoulli, o qual é considerado o primeiro algoritmo especificamente criado para ser executado por um computador. Por isso, **Ada Lovelace é reconhecida como a primeira programadora da história,** uma verdadeira visionária que antecipou o potencial da computação muito antes de sua época.

2.2. Grace Hopper: a almirante da computação

Grace Hopper foi uma cientista da computação e oficial da Marinha dos Estados Unidos. Nascida em 1906, Grace se formou em matemática e física e, durante a Segunda Guerra Mundial, ingressou na Marinha, onde trabalhou no desenvolvimento de softwares para computadores. Em 1949, Grace Hopper se juntou à equipe que desenvolveu o UNIVAC I, o primeiro computador comercial fabricado nos Estados Unidos. **Ela foi responsável por criar o primeiro compilador**, um programa que traduz o código escrito em linguagem de programação para a linguagem de máquina, facilitando o desenvolvimento de softwares. Ela também **foi uma das mentes por trás da criação da linguagem COBOL, que ainda é usada hoje.** Grace Hopper cunhou o termo "bug" para se referir a erros em programas de computador e foi uma defensora incansável da utilização de linguagens de programação mais próximas da linguagem humana.

2.3. As mulheres do ENIAC: as pioneiras da computação eletrônica

O ENIAC (*Electronic Numerical Integrator and Computer*), construído em 1946, foi o primeiro **computador eletrônico digital de larga escala**. Sua construção e programação foram realizadas por uma equipe de seis mulheres: Kay McNulty, Betty Jennings, Betty Snyder, Marlyn Wescoff, Fran Bilas e Ruth Lichterman. **Essas mulheres, que eram matemáticas e engenheiras, foram responsáveis por desenvolver os programas e**

realizar os cálculos complexos necessários para o funcionamento do ENIAC. Inicialmente contratadas como "computadores humanos" para realizar cálculos manuais complexos, essas mulheres demonstraram habilidades excepcionais em matemática e lógica, trabalhando longas horas e enfrentando desafios técnicos e sociais para garantir o sucesso do projeto. Apesar de suas contribuições cruciais, as mulheres do ENIAC foram, por muito tempo, esquecidas pela história. Somente nas últimas décadas seu trabalho tem sido reconhecido e valorizado como um marco na história da computação e um exemplo da importância da participação feminina na área.

2.4. O filme "Estrelas Além do Tempo": as mulheres e a NASA

Katherine Johnson, Dorothy Vaughan e Mary Jackson eram matemáticas e engenheiras afro-americanas da NASA, **que realizaram cálculos complexos para as missões espaciais do projeto Apollo, incluindo o pouso na Lua.** Elas inspiraram o filme "Estrelas Além do Tempo", que narra a história delas durante a corrida espacial nos anos 1960. Katherine, Dorothy e Mary enfrentaram discriminação racial e de gênero enquanto contribuíam significativamente para a missão que levaria John Glenn ao espaço. Juntas elas se tornaram símbolo de superação de preconceitos e estereótipos. Katherine Johnson, uma matemática prodigiosa, superou enormes barreiras para calcular as trajetórias de voo críticas para as missões espaciais. Dorothy Vaughan se tornou a primeira supervisora negra na NASA e uma especialista em programação de computadores. Mary Jackson quebrou barreiras ao se tornar a primeira engenheira negra da NASA. O filme destaca a resiliência, a inteligência e a determinação dessas mulheres, mostrando como elas desafiaram os preconceitos e mudaram a história, tornando-se **figuras cruciais na conquista espacial americana**.

2.5. Outras mulheres notáveis da TI

Além de Ada Lovelace, Grace Hopper e as mulheres do ENIAC e da NASA, muitas outras mulheres deixaram sua marca na história da tecnologia. Podemos citar:

» **Hedy Lamarr:** atriz e inventora austríaca, desenvolveu um sistema de comunicação por salto de frequência, utilizado até hoje em tecnologias como ***wi-fi*** e ***bluetooth***.

» **Radia Perlman:** cientista da computação americana, conhecida como a "mãe da internet", desenvolveu **o protocolo STP (*Spanning Tree Protocol*), fundamental para o funcionamento das redes de computadores.**

» **Evelyn Boyd Granville: uma das primeiras mulheres afro-americanas a obter um PhD em matemática,** trabalhou em projetos espaciais da NASA, incluindo o Projeto Vanguard e o Programa Apollo.

» **Carol Shaw:** considerada a primeira mulher designer de videogames, criou jogos icônicos como "River Raid" para o Atari 2600.

» **Margaret Hamilton:** liderou a equipe de software do Projeto Apollo da NASA e cunhou o termo "engenharia de software". Foi fundamental para o sucesso das missões Apollo, desenvolvendo sistemas que garantiram a segurança e a precisão das operações de pouso na Lua.

» **Karen Spärck Jones:** foi uma figura seminal no campo do processamento de linguagem natural (PLN) e recuperação de informações. Dedicou sua carreira a explorar como os computadores poderiam entender e processar a linguagem humana e gerou ideias fundamentais para o funcionamento de motores de busca modernos. Além de suas contribuições técnicas, Karen Spärck Jones era uma fervorosa defensora da igualdade de gênero na ciência da computação, desafiando estereótipos e incentivando mais mulheres a entrarem e permanecerem no campo.

2.6. Mulheres no Brasil

No Brasil, a história das mulheres na tecnologia também tem suas heroínas. A exemplo de outras pioneiras globais, temos a professora **Diva Guimarães**, que foi uma das primeiras mulheres a se formar em matemática na década de 1950 e se tornou uma referência em educação e tecnologia. Outro exemplo é **Dora Kaufman**, pioneira em estudos sobre inteligência artificial e ética no Brasil. Professora e pesquisadora, Dora é conhecida por suas contribuições acadêmicas e por popularizar debates sobre IA no país. Sua pesquisa ajudou a moldar o entendimento sobre as implicações éticas da IA, influenciando tanto a academia quanto a indústria de tecnologia nacional. **Suzana Herculano-Houzel**, também engenheira e pesquisadora, tem feito avanços significativos na neurociência e na interface entre biologia e computação.

E como mais um exemplo notável e contemporâneo, temos **Ione Coco** (prefaciadora deste livro), pioneira e uma das primeiras CIOs brasileiras. Com carreira longínqua no Gartner, ela é fundadora da MCIO Brasil (Mulheres CIOs do Brasil), uma associação sem fins lucrativos dedicada a promover a presença e a influência das mulheres em posições de liderança na área de TI. O principal objetivo dessa organização é oferecer suporte, *networking* e oportunidades de desenvolvimento profissional para mulheres que ocupam ou aspiram ocupar cargos de *Chief Information Officer* (CIO) e outras posições executivas em tecnologia. Ione foi pioneira em incentivar, através da MCIO Brasil, a criação de um ambiente onde as mulheres possam compartilhar experiências, aprender umas com as outras e desenvolver habilidades de liderança. A associação organiza eventos, *workshops*, conferências e programas de mentoria, proporcionando uma plataforma para discutir tendências tecnológicas, desafios e estratégias de crescimento na carreira para mulheres.

2.7. O legado das mulheres na TI

Fala sério! Só podia ser mulher mesmo! Estamos nas raízes da inovação e criação da programação, dos cálculos que viabilizaram o primeiro computador eletrônico digital, de projetos espaciais da NASA que levaram o homem à Lua e de conceitos fundamentais para o funcionamento das redes de computadores, como *wi-fi* e *bluetooth*, cálculos de motores de busca... e com tudo isso ainda dizem que tecnologia, programação e matemática "não são coisas de mulher"!

Quando isso começou a mudar então? Parte da resposta pode ser explicada com a chegada dos computadores pessoais nos anos 1980. Foi a partir dali que a participação das mulheres na tecnologia começou a declinar. Nos EUA, o percentual de mulheres formadas em carreiras de ciências da informação e computação caiu de 30% em 1986 para 20% em 2014. Similarmente, a participação feminina em carreiras técnicas caiu de 35% em 1991 para 25% em 2015. Antes disso, nos anos 1960 e 1970, muitas mulheres trabalhavam como programadoras e analistas de sistemas. No entanto, a popularização dos computadores pessoais, que foram inicialmente quase sempre comercializados como brinquedos para meninos, contribuiu para a "masculinização" da tecnologia.

Essas mulheres que mencionamos anteriormente pavimentaram o caminho para que muitas de nós pudéssemos seguir nossos sonhos e carreiras na TI. As histórias delas nos inspiram e nos mostram que a TI é um campo para todos, independentemente de gênero, raça ou origem social. Elas nos fazem recordar que a diversidade é fundamental para a inovação, e a participação feminina na área é essencial para construir um futuro mais justo e igualitário. Reforçam, pelo seu passado e atuação, que a presença feminina na TI não é uma novidade, mas uma retomada de um espaço que sempre foi nosso por direito. Reconhecer e celebrar a história delas é essencial para inspirar as novas gerações de mulheres a seguirem carreiras na tecnologia.

No próximo capítulo analisaremos os principais números e pesquisas sobre a participação das mulheres na área de tecnologia, para entendermos o cenário atual e os desafios que ainda precisamos superar.

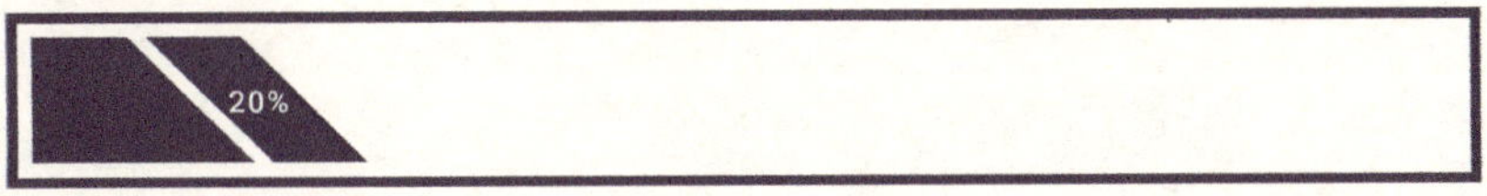

Capítulo 3

As causas da disparidade: principais pesquisas e números atualizados

"Quando um ser humano vem ao mundo, a primeira distinção que fazemos é: 'é menino ou menina?'. E você se acostuma a fazer essa diferenciação ao longo de toda a sua vida".

Freud, em 1965

Essa frase guiou meus estudos sobre equidade de gênero na área de tecnologia desde o primeiro dia. O que me motivou a estudar equidade de gênero (nesse caso especificamente estamos falando do gênero biológico) foram os vieses e estereótipos que vivenciamos na área. Para além do feminismo, de defesas e discursos que eu já conhecia, minha intenção era trazer o assunto à luz da ciência. Levantar indicadores e pesquisas que apontem que o problema é real e que merece ser estudado, para que sejam encontradas formas de minimizá-lo passou a ser uma obsessão. O que procurei antes de mais nada foi entender: "Qual a importância real deste tema para a sociedade como um todo?". Conduzir uma pesquisa que pudesse responder a essa pergunta, com indicadores que demonstrassem as diferenças, o preconceito, os desafios e as oportunidades, foi mais do que um desejo, tratou-se de uma necessidade para que o assunto fosse tratado com a relevância que merece. Compartilho grande parte dos resultados dessa pesquisa aqui com você. Se queremos promover a igualdade de oportunidades para mulheres na TI, precisamos primeiro entender onde estamos e para onde queremos ir. E, para isso, nada melhor do que números. Através deles, podemos traçar um panorama realista e fundamentado da presença das mulheres na tecnologia, essencial para direcionar futuras ações e políticas de inclusão e para a evolução do cenário.

3.1. Mulheres na tecnologia no cenário mundial

Estima-se que, até 2030, 77% dos empregos demandarão habilidades relacionadas à tecnologia. Nesse cenário, mais de 1,1 bilhão de postos de trabalho serão transformados e impactados pelo uso de inteligência artificial e tecnologias inovadoras. Em contrapartida, as organizações participantes do último Fórum Econômico Mundial (*World Economic Forum*) apontaram as lacunas de competências e a incapacidade de atrair talentos como as principais barreiras para o crescimento empresarial e a transformação. As mulheres, que representam cerca de metade do total de talentos globais, estão sub-representadas em setores como o de tecnologia, o que pode ser prejudicial para o futuro do trabalho, das empresas e da sociedade em geral.

Segundo a Unesco, em relatório divulgado em 2018, "a igualdade de gênero é considerada um direito humano essencial e um pilar fundamental para a criação de um mundo sustentável, pacífico e próspero". As empresas estão cada vez mais focadas em questões que transcendem os aspectos financeiros, como os sociais, ambientais e de governança corporativa (ESG – *Environmental, Social and Governance*). A equidade de gênero nos negócios é uma dessas questões. De acordo com uma pesquisa da *Fortune*, conduzida com 500 empresas, aquelas que têm uma maior presença feminina nos conselhos de administração apresentam um ROI 66% superior e um retorno sobre as vendas 42% maior (DE ROJAS, 2015). Esse equilíbrio é vantajoso não só na liderança, mas em todas as áreas da empresa. Sessenta por cento das empresas na América Latina acreditam que a diversidade de gênero beneficia seus negócios, pois aumenta a capacidade de atrair e reter talentos, promove a inovação, gera novas ideias e melhora a reputação da empresa.

Um relatório da consultoria McKinsey, intitulado "The Power of Parity" (WOETZEL et al., 2015), estima que a igualdade de gênero poderia adicionar US$ 12 trilhões ao PIB global até 2025. Um relatório da PWC (2023) aponta que aumentar a participação feminina no mercado de trabalho a níveis comparáveis aos da Suécia (80%) poderia elevar o PIB mundial em 6 trilhões de dólares. Nos EUA, a previsão é de um incremento de até 26% no PIB nacional com a evolução dos índices de equidade de gênero nas empresas. Além das questões econômicas, sabe-se que a igualdade de gênero no setor tecnológico ajuda a criar diferentes opções tecnológicas, o que é muito importante em uma era onde as máquinas são mais importantes para a geração de informações e a tomada de decisões.

O primeiro passo para analisar a presença feminina na TI é observar os números relacionados à educação. Segundo a Unesco (2018), apenas 35% dos estudantes em cursos de STEM (Ciências, Tecnologia, Engenharia e Matemática) no mundo são mulheres. Esse número, por si só, já é bastante revelador da disparidade que ainda existe nesse setor. Entretanto, quando olhamos para cargos de liderança, a situação se agrava: apenas 18% dos líderes em tecnologia são mulheres na América Latina. E não para por aí: a diferença salarial entre homens e mulheres na área ainda é de 17%, mesmo quando ocupam cargos semelhantes e têm qualificações equivalentes.

3.2. Brasil: um retrato da desigualdade

No Brasil, a situação é preocupante. Um estudo recente do Google revelou que enfrentaremos uma escassez de aproximadamente 530 mil profissionais de tecnologia até 2025 (HELDER, 2023). Apesar da participação feminina no mercado de TI ter crescido 60% nos últimos cinco anos, as mulheres ainda representam apenas 20% dos profissionais da área, o que significa que, a cada dez profissionais de TI, apenas duas são mulheres em território brasileiro. Além disso, dados do IBGE em 2022 mostram que, por aqui, nós mulheres recebemos 22% menos que um homem e para as mulheres negras essa diferença pode ser ainda maior, chegando a 50% (DYNIEWICZ, 2023). Na América Latina, a participação de mulheres em posições seniores em tecnologia é de 16%, e o Brasil ocupa o último lugar entre os países pesquisados em termos de representatividade feminina, com escassos

12%. Além disso, em solo nacional, apenas 15% das estudantes em cursos de STEM (Ciências, Tecnologia, Engenharia e Matemática) são mulheres. E o interesse só tem diminuído. Os matriculados do gênero feminino nos cursos de tecnologia passaram de 70% na década de 1970 para apenas 15% atualmente. Apesar do aumento de 65% na participação de mulheres em cargos de liderança desde 2015 (considerando todos os segmentos), com um salto de 11 pontos percentuais entre 2022 e 2023, a desigualdade de gênero no mercado de trabalho persiste. Dados da McKinsey de 2022 revelam que apenas 40% dos cargos gerenciais são ocupados por mulheres, impactando negativamente a ascensão feminina a posições de diretoria e níveis hierárquicos superiores (MCKINSEY & COMPANY, 2023). Outro estudo realizado pela Associação Brasileira das Empresas de Tecnologia da Informação e Comunicação (Brasscom) em 2021 revelou que, das 845 mil pessoas empregadas no setor de TI no Brasil, apenas 151 mil eram mulheres. Esse estudo também destacou que as mulheres ocupam apenas 11% das posições de liderança nas empresas de TI brasileiras. Essa disparidade mostrada em partes contribui para a estimativa do Fórum Econômico Mundial de que serão necessários 131 anos para alcançar a igualdade de gênero no mercado de trabalho (de todos os segmentos, não apenas tecnologia).

Em termos de desempenho acadêmico, dados do Instituto Nacional de Estudos e Pesquisas Educacionais Anísio Teixeira (INEP, 2018) mostram que as mulheres, em geral, têm desempenho superior aos homens nas áreas de humanas, mas são sub-representadas nos cursos de engenharia e computação. Essa sub-representação é um reflexo da falta de incentivo e do preconceito que começa nas salas de aula e se perpetua no mercado de trabalho (falaremos mais sobre o tema adiante).

Em outras palavras, estamos em menor quantidade nos cursos de STEM, somos menos representadas no mercado de trabalho de tecnologia e somos a minoria nos cargos executivos do segmento. É fundamental que medidas eficazes sejam implementadas para reduzir essas disparidades e promover uma maior inclusão das mulheres no setor. Governos, empresas e instituições educacionais precisam trabalhar juntos para reduzir a desigualdade de gênero no setor. Isso inclui incentivar meninas e mulheres a seguir carreiras em STEM (Ciência, Tecnologia, Engenharia e Matemática), criar políticas de inclusão efetivas e promover um ambiente de trabalho que valorize e apoie a diversidade. Somente assim será possível aproveitar todo o potencial do talento feminino, beneficiando a economia global e construindo um futuro mais equilibrado e justo para todos.

3.3. As causas da disparidade: um olhar além dos números

A Agenda 2030 da ONU e o foco em ESG (*Environment, Social and Governance* ou meio ambiente, social e governança em português) têm incentivado as empresas a direcionar esforços adicionais na implementação e expansão de suas responsabilidades sociais, ambientais e corporativas. A equidade de gênero em todos os setores, especialmente na tecnologia, impulsionada pela alta demanda de profissionais, pode, portanto, ser vista como um fator diferenciador para as empresas na economia dinâmica atual.

Contudo, por que essa disparidade ainda existe? As causas são diversas e complexas, e vão desde a falta de incentivo e modelos femininos na área até o preconceito e a discriminação no ambiente de trabalho. A cultura organizacional de muitas empresas ainda é predominantemente masculina, o que pode criar um ambiente hostil para as mulheres. Além disso, a falta de flexibilidade e a dificuldade em conciliar carreira e maternidade também são fatores que contribuem para a saída das mulheres da área. O fato é que, dependendo da fase em que uma mulher está na carreira de tecnologia, ela sofre diferentes desafios. Por isso, a igualdade de gênero deve ser analisada conforme as diferentes fases profissionais das mulheres, separadas em: i) entrada, quando optam por cursos técnicos ou de graduação em tecnologia e começam a atuar no mercado (até cinco anos de experiência); ii) continuidade, quando atingem a maturidade profissional na área tecnológica (mais de cinco anos de experiência); e iii) ascensão, quando alcançam posições de liderança nas organizações.

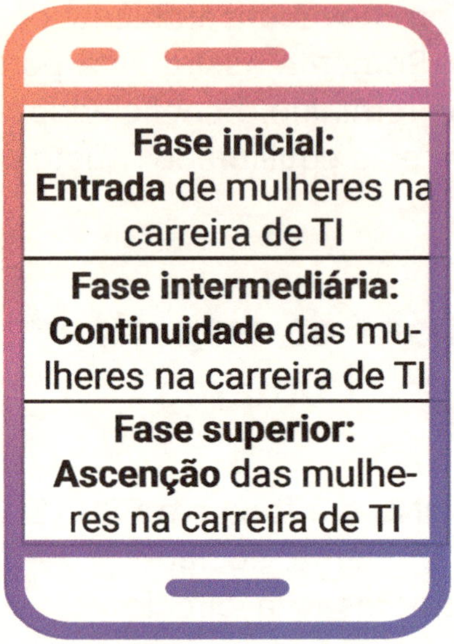

Figura 3.1. Fases da carreira da mulher em tecnologia. Fonte: a autora.

3.3.1. Fase inicial: entrada na carreira de TI

A entrada das mulheres na carreira de tecnologia é marcada por desafios significativos. Desde a escolha por cursos técnicos ou de graduação em tecnologia, até os primeiros anos de atuação no mercado de trabalho, que geralmente abrangem profissionais com até cinco anos de experiência, as mulheres enfrentam barreiras culturais, educacionais e sociais. As meninas muitas vezes não são incentivadas a seguir áreas técnicas desde a infância, resultando em um menor interesse e preparação para essas carreiras.

Além disso, a falta de modelos femininos no campo da tecnologia e o tipo de trabalho atribuído às mulheres, que muitas vezes são direcionadas às funções rotineiras e especializadas, enquanto homens ocupam papéis analíticos e gerenciais, contribuem para a desistência precoce das mulheres em seguir carreiras tecnológicas.

3.3.2. Fase intermediária: continuidade na carreira de TI

A fase intermediária, que abrange mulheres com mais de cinco anos de experiência em tecnologia, é crucial para a retenção na carreira.

Um desafio significativo dessa fase é o equilíbrio entre vida profissional e familiar. Muitas mulheres ainda investem grande esforço na casa e no cuidado com a família, exercendo duplo papel e fazendo mais concessões para acomodar as necessidades familiares. Durante a pandemia de COVID-19, a força de trabalho feminina diminuiu 2%, comparado a 1,6% entre os homens, evidenciando ainda mais essa disparidade (ILO, 2022).

Embora muitas pesquisas abordem o equilíbrio entre vida profissional e familiar como a principal questão dessa fase, um estudo revelou que as mulheres também enfrentam dificuldades adicionais. Elas desempenham papéis menos inovadores nas carreiras técnicas, e isso constitui uma das principais fontes de insatisfação com o ambiente de trabalho. Esse assunto foi estudado em 1992 por Shuttleworth, quando a pesquisadora descobriu que a maioria das formandas em tecnologia era empregada em trabalhos rotineiros e operacionais, enquanto os homens faziam trabalhos analíticos e gerenciais. Infelizmente, mais de três décadas depois, ainda há desistência de recém-formadas em tecnologia pelo mesmo motivo. Elas preferem seguir outro tipo de carreira ou não continuar em um segmento onde existem restrições para que demonstrem todo o seu potencial. Designar às mulheres atividades secundárias e operacionais na área de tecnologia influencia na escolha e na continuidade delas nas carreiras técnicas.

3.3.3. Fase superior: ascensão na carreira de TI

A ascensão das mulheres a cargos de liderança em tecnologia é marcada por desafios ainda mais complexos. Apesar de estudos preverem que organizações com equipes diversas e culturas inclusivas excederiam suas metas financeiras, apenas 7% dos cargos de CIO são globalmente ocupados por mulheres, e a probabilidade de estar em uma posição de alto nível ou liderança é 2,7 vezes maior para homens (ASHCRAFT; MCLAIN; EGER, 2016).

Mesmo com o desejo de muitas mulheres de se tornarem líderes, barreiras como estereótipos, vieses inconscientes, estilos de comunicação diferenciados e o conflito entre trabalho e família continuam a dificultar essa trajetória. Além disso, a falta de consciência masculina sobre a necessidade de equidade de gênero e a predominância de homens nas lideranças de tecnologia agravam esses desafios.

Fica claro que, para cada fase da carreira, as mulheres enfrentam obstáculos distintos que precisam ser compreendidos e abordados para promover uma maior equidade de gênero na área de tecnologia (veremos alguns em detalhes a seguir). Desde a entrada até a ascensão para cargos de liderança, é essencial que as empresas incentivem e valorizem a participação feminina em todas as esferas da tecnologia.

3.4. Desafios: o caminho para a equidade

Nos últimos anos, a presença das mulheres na área de tecnologia tem crescido de forma relevante. Entretanto, essa jornada ainda é repleta de desafios significativos que precisam ser enfrentados com coragem, determinação, mas principalmente conhecimento. Não se trata de defesa bélica do feminismo ou do espaço da mulher. O feminismo é importante e teve um papel essencial para podermos estar onde estamos hoje. Graças a essas mulheres estudiosas e revolucionárias, tivemos acesso ao trabalho, ao voto, à escrita e à educação. Entretanto, conhecer os reais desafios que nós mulheres enfrentamos no setor de maneira técnica e científica, com fatos e dados, é superimportante para evoluirmos nessa agenda.

Desde cedo, muitas meninas são desencorajadas a seguir carreiras em ciência e tecnologia. A cultura e os estereótipos de gênero ainda permeiam a sociedade, fazendo com que a tecnologia seja vista como um domínio masculino. É crucial desmistificar essas concepções, mostrando que as mulheres são igualmente capazes de se destacar em áreas técnicas. A educação e a conscientização são ferramentas poderosas para mudar essa percepção e incentivar mais meninas a se interessarem por tecnologia desde a infância.

Adicionalmente, a ausência de modelos femininos em posições de destaque na tecnologia é um desafio ainda presente. Quando as mulheres não veem outras mulheres em cargos de liderança ou em papéis técnicos avançados, torna-se mais difícil para elas se visualizarem nessas posições e planejarem um futuro na área técnica. Logo, celebrar as conquistas femininas e promover mentoria é fundamental para criar uma rede de apoio robusta que ajude as mulheres a avançar em suas carreiras tecnológicas.

Outro obstáculo significativo é o preconceito e a discriminação no ambiente de trabalho. Muitas mulheres relatam terem sido subestimadas ou excluídas de projetos importantes simplesmente pelo seu gênero. É necessária a implementação de políticas corporativas inclusivas e de um ambiente de trabalho que valorize a diversidade. Treinamentos sobre preconceito inconsciente e a promoção de uma cultura de respeito são passos fundamentais para criar um espaço onde as mulheres possam prosperar.

A desigualdade salarial é uma questão que ainda ronda a indústria tecnológica. Mesmo ocupando as mesmas funções que seus colegas homens, muitas mulheres recebem salários inferiores. É essencial lutar por transparência salarial e igualdade de remuneração, garantindo que as mulheres sejam justamente recompensadas pelo seu trabalho e talento.

Além disso, a conciliação entre vida profissional e pessoal continua sendo um desafio constante. É simplesmente um equilíbrio que não existe. A pressão para cumprir com responsabilidades familiares e uma carreira exigente pode ser esmagadora para a mulher profissional. A implementação de políticas de trabalho flexível e apoio à maternidade são formas de aliviar esse fardo, permitindo que as mulheres possam atingir seu pleno potencial sem sacrificar aspectos importantes de suas vidas.

Embora os desafios ainda sejam muitos, as conquistas das mulheres na tecnologia até agora são uma prova de sua resiliência e capacidade. A seguir, compartilho parte da minha pesquisa de mestrado, que visou entender em profundidade quais são esses desafios, a forma com que mulheres e homens lidam com eles e a relevância que eles têm em suas respectivas jornadas, com alguns testemunhos. O objetivo ao final é tomar consciência de que sim, desafios existem e compreendê-los pode ser o primeiro passo para evoluirmos em direção a um futuro mais inclusivo e igualitário. A figura a seguir representa os principais grupos de desafios que influenciam a carreira das mulheres na área de tecnologia.

Fatores sociais, econômicos, culturais e individuais	**ESG/ODS5**
Educação e acesso à tecnologia Conflito trabalho família Sociedade e cultura organizacional Mentoria e modelo na carreira de tecnologia Características individuais, competências e aptidões Economia e oportunidades	Programas de diversidade e equidade de gênero Processos de recrutamento e seleção

Figura 3.2. Os Principais fatores que influenciam a carreira da mulher na área de tecnologia. Fonte: adaptado de Ahuja (2002).

3.4.1. Educação e acesso à tecnologia/ características individuais, competências e aptidões

Historicamente, a participação das mulheres em cursos de Ciência da Computação no Brasil diminuiu drasticamente, como já vimos anteriormente. Essa queda está associada à masculinização da tecnologia e à forma como as carreiras são apresentadas às mulheres durante a escolha profissional. Embora as mulheres representem 45,5% dos estudantes em cursos superiores, elas são desestimuladas a seguir carreiras tecnológicas devido a estereótipos de gênero e uma estrutura educacional que reforça modelos tradicionais.

As competências e aptidões individuais são determinantes também na escolha e na permanência das mulheres em carreiras STEM. A percepção de que a tecnologia é uma área "masculina" desestimula muitas mulheres a entrarem nesse campo. Esses estereótipos são reforçados desde a infância e perpetuados no ambiente de trabalho. Estudos mostram que a imagem dos profissionais e as atividades lúdicas na infância influenciam as escolhas profissionais das meninas. Embora as mulheres superem os homens na formação superior em geral, representando 58,8%, elas são apenas 32,9% nas disciplinas STEM nas Américas. Isso revela uma tendência de meninas se afastarem das áreas técnicas devido às influências sociais e culturais desde cedo (INTERNATIONAL LABOUR ORGANIZATION, 2019).

Pesquisas como a de Abreu (2018) sugerem que a menor presença de mulheres em carreiras técnicas não está relacionada às suas aptidões individuais, mas sim à forma de como são expostas e incentivadas a utilizar a tecnologia durante a infância e a adolescência. A teoria do esquema de gênero indica que as crianças categorizam as informações com base nas noções de "masculino" e "feminino" estabelecidas pelos comportamentos predominantes na sociedade atual. Isso significa que a percepção que homens e mulheres têm sobre seu trabalho é moldada por fatores culturais e sociais. Um estudo de 2017 realizado pela Universidade de Washington descobriu que meninos são mais propensos a se verem como competentes em matemática e ciências do que meninas, mesmo quando apresentam desempenhos semelhantes (UNESCO, 2018). Esse viés internalizado afeta as escolhas de carreira e a confiança das meninas em sua capacidade de sucesso em áreas de STEM.

É preciso incentivar o interesse das meninas pela área desde cedo, por meio de atividades e projetos que as estimulem a desenvolver suas habilidades em ciência e tecnologia. Dito isso, as perguntas que ficam aqui são: "estamos trabalhando a equidade e a diversidade de gênero em nossas organizações (talvez tardiamente)?"; "como estamos lidando e estimulando nossas crianças sobre esse tema dentro de nossas próprias casas?"; e, finalmente, "estamos educando filhos, meninos e meninas, impulsionando o desenvolvimento de suas capacidades e aptidões de maneira igualitária?".

"Causos" da Cláudia: Estamos potencializando as aptidões de nossas meninas e meninos de maneira igual?
Eu tenho dois filhos homens, Gustavo e Gabriel, com 22 anos e 12 anos respectivamente (não soube fazer meninas, gente!). Brincadeiras à parte, é impressionante como temos vieses ocultos dentro de nós que nos levam a potencializar as aptidões de meninos e meninas, talvez, de maneira diferenciada. Quem me conhece sabe que sou bastante pragmática, gosto de fazer muitas coisas, de maneira prática e objetiva. Meus dois filhos cresceram tendo contato com todo tipo de tecnologia possível – meu mais velho já trabalha na área de tecnologia (oh, coitado!) e o mais novo não larga do *tablet*. Pois bem, recentemente fui visitar uma amiga, que tem duas filhas meninas. Ela é toda espiritualizada, uma graça! Ao entrar na casa dela, me deparei com diversas pinturas, feitas a guache, lindas, muitas tintas e pincéis. Estudando esse tema (diversidade), pensei de imediato, surpresa: "nossa, que dia que eu, a não ser que fosse uma obrigatoriedade de lição escolar, me sentei com meus filhos, coloquei pincéis e tintas para que eles pudessem expressar e desenvolver suas habilidades artísticas?". E respondi para mim mesma, entristecida: nunca! Será que se eu tivesse tido uma menina, teria feito diferente? Será que se meu pai não tivesse me levado para a oficina e tivesse dito que eu poderia ser o que quisesse, eu teria cogitado a carreira em tecnologia? Eis as questões. É importante revisitarmos a educação e os estímulos que estamos dando para nossas crianças dentro de nossos lares. Conversando com uma colega, ela comentou comigo que em sua família se os meninos

estão no *tablet* "serão *coders*, programadores", mas se as meninas estão no *tablet*, "irão enviar apenas um e-mail". Muito mais que um programa de diversidade em uma empresa, o que trará resultado para as próximas gerações é uma educação de qualidade dentro de nossa casa, para que cada um possa exercitar suas aptidões e se expressar da melhor maneira, tendo todo o seu potencial trabalhado holisticamente. É, minha gente, eu errei. Eu nem tentei criar artistas...

Além disso, as condições sociais e culturais também influenciam na formação de competências e na percepção das aptidões femininas para a área técnica. Independentemente da fase de carreira ou gênero, a maioria dos entrevistados em minha pesquisa de mestrado reconheceu ter habilidades naturais para a tecnologia, o que influenciou sua escolha profissional.

Algumas descobertas relacionadas ao tema em minha pesquisa de mestrado mostraram que a oportunidade de ter acesso a um computador, recursos financeiros para concluir a graduação ou estar envolvido no meio de tecnologia podem impactar diretamente na carreira de um profissional que deseja iniciar na área. A seguir, menciono exemplos de discursos, identificados durante meu processo de pesquisa, resultado da conversa com os entrevistados:

> *Então as meninas da periferia, suas mães ensinam a ser manicure, doméstica, costureira, vendedora [...] ninguém na periferia fala para estudar tecnologia, robótica, matemática. Ninguém fala isso para uma menina na periferia (mulher na fase superior da carreira de TI, sobre acesso à educação).*
>
> *Acho que o que me fez, principalmente, escolher a faculdade de tecnologia foi o exemplo dentro de casa. Foi ver tanto o meu pai e minha mãe trabalhando na área (homem na fase inicial da carreira de TI, sobre como escolheu a carreira).*
>
> *E aí quando a minha mãe comprou um computador para mim, eu abri, eu comecei a ver, e ali foi paixão à primeira vista, né? (mulher no início na carreira de TI, sobre o despertar do interesse pela área técnica).*

"Causos" da Cláudia: Eduquem suas meninas para serem o que elas quiserem (eu fui educada em uma oficina mecânica)

Temos que fortalecer nossas meninas, incentivando e deixando-as acreditarem que elas podem, sim, ser o que elas quiserem. E mais do que apenas falar, precisamos agir para que isso realmente aconteça. Meu pai foi com certeza meu primeiro mentor de carreira. Ele não tinha estudos, não sabia o que era *coaching*, mas me passou tantos valores nobres que ficaria impossível compartilhar em apenas um "causo". Então aqui eu vou me direcionar especificamente para os pais de hoje, principalmente para pais e mães de meninas que estão lendo este livro. Se eu falasse para meu pai que eu queria ser jornalista, ele me mostrava o melhor e ressaltava as qualidades dele e como ele tinha estudado e trabalhado para chegar lá. Ao mesmo tempo, ele me levava para o trabalho dele (na oficina) e pedia para eu me debruçar sobre um motor. Ali, me mostrava cada uma das partes, explicando como elas funcionavam juntas e o que não funcionava muito bem quando havia algum problema. Quando ia para dentro do pequeno escritório sujo de graxa, puxava um caderno amassado e sujo, anotava o valor do conserto do caminhão e me mostrava noções básicas de como fazer a contabilidade do negócio. No dia em que cheguei chorando porque tinha ido mal em uma prova de matemática, ele apenas disse: "não é possível ser boa em tudo, Claudia. Foque naquilo que você é melhor, coloque energia nisso, que é aí que você vai crescer". E não pense que era só aceitação e incentivo não. Quando comecei meu colégio técnico, em uma cidade estranha, com gente estranha, eu era bem caipira e inocente. Eu nem sabia comer de garfo, porque nunca tinha frequentado um restaurante, para vocês terem ideia. Pegar ônibus então? Nem sabia o que era...rs. Morava pela primeira vez longe dos meus pais, fazendo minha própria comida, em um convento com gente estranha... eu não aguentei. Na primeira semana liguei para ele chorando (do orelhão), pedindo para voltar. Ele disse: "fia, a vida não é só alegria não, tem que aprender a 'roer o osso'. Aguenta mais umas semanas, se você ainda estiver infeliz eu te busco". Se ele tivesse ido me buscar naquele dia, no meu momento de fraqueza, certamente não estaria aqui escrevendo este livro. Olhando agora, sei que tudo que construí foi com base nesse tipo de crença, que ele me passou desde o primeiro dia em que me lembro de nossa convivência: a de que eu poderia ser o que eu quisesse. Crie seus filhos para que eles sejam fortalecidos e para que fortaleçam outras pessoas através de seu exemplo e de sua generosidade. Eu tive de verdade o melhor exemplo que poderia ter tido dentro de casa. E isso fez toda a diferença!

Esses achados confirmam uma pesquisa recente realizada pela Unesco (2018), que demonstra que a "escolha" das mulheres pela área de tecnologia é fortemente influenciada pelo acesso à educação técnica, incentivos de pessoas próximas e o contexto social mais amplo no qual elas estão inseridas.

3.4.2. Conflito trabalho-família

Segundo o relatório publicado na *Harvard Business Review* de 2019, 41% das mulheres na tecnologia deixam o setor após dez anos, comparado a apenas 17% dos homens (REDAÇÃO IMASTERS, 2019). A principal razão citada é a dificuldade em equilibrar vida profissional e pessoal. O equilíbrio entre trabalho e responsabilidades familiares é um desafio significativo para as mulheres na tecnologia. No Brasil, 48% das mulheres são demitidas após a licença-maternidade (REDAÇÃO MARIE CLAIRE, 2017), refletindo uma cultura que ainda vê as mulheres como as principais responsáveis pelo cuidado familiar e reforçando a ideia de que a maternidade enfraquece a força profissional feminina. A área de TI, com sua cultura de longas horas de trabalho e alta demanda, torna ainda mais difícil para as mulheres equilibrarem a vida profissional e pessoal. A cultura de "heróis", que valoriza profissionais que se dedicam excessivamente ao trabalho, é especialmente excludente para as mulheres, que muitas vezes precisam dividir seu tempo entre a carreira e a família. A seguir, compartilho alguns trechos coletados de minha pesquisa que demonstram esse conflito nos entrevistados:

> *Porque para homem, ele acorda de manhã, dá um beijo na esposa, se troca bonitinho e sai. Eu, para sair de casa, tenho que cuidar do filho, do cachorro, da lancheira, eu tenho que levar pra escola, tenho que dar uma ajeitada na casa [...] então é muito difícil [...] eu já pensei sim em desistir, ou tentar um cargo mais tranquilo (mulher na fase superior da carreira de TI, sobre os desafios de conciliar vida pessoal e trabalho).*

> *Você tem a área de tecnologia para cuidar, que você sabe que não é fácil, você tem crises, você tem madrugadas e você tem filho e marido. E eu olhava e falava assim: 'Como que aquela*

> *mulher consegue ser CEO? Como ela faz?' (mulher na fase superior da carreira de TI, sobre os desafios para se enxergar em uma posição executiva com tantas responsabilidades paralelas).*

Na era pós-COVID-19, apesar do aumento no sucesso profissional das mulheres, houve um alto custo: elevados índices de estresse e *burnout*, devido ao duplo papel de profissionais e responsáveis pelo trabalho familiar (GARTNER, 2021). As responsabilidades domésticas aumentaram durante a pandemia, com mulheres cuidando da família, da casa e da carreira. O número de mulheres trabalhadoras caiu 1,8% em 2022 em comparação a 2019. O equilíbrio entre trabalho e família foi um fator relevante identificado nas entrevistas de minha pesquisa de mestrado, ressaltando o desafio de conciliar a vida profissional e familiar em todos os momentos da vida profissional de uma mulher, mas especialmente durante a pandemia. A seguir, compartilho trechos da minha pesquisa, que mostraram como a época da pandemia foi marcante na identificação da importância do equilíbrio entre trabalho e família para o sucesso profissional.

> *Na pandemia elas que pediram o desligamento, porque tinham que ficar com os pais e com os filhos [...] (mulher na carreira superior de TI, sobre mulheres pedindo demissão durante a pandemia).*

> *Se tem uma coisa que eu descobri na pandemia é essa essencialidade que tem essa história de vida profissional e pessoal caminharem juntas e de mãos dadas (mulher na carreira intermediária de TI, sobre os dilemas de separar a vida pessoal da profissional).*

> *[...] minha esposa trabalhava comigo na pandemia [...], mas a nossa filha ficava grudada 24 horas nela. E aí é aquela relação de mãe, acabou de amamentar e tem todo aquele elo com a criança. Então é muito difícil para a mulher (homem na carreira intermediária de TI, sobre a dificuldade adicional das mães durante a pandemia).*

"Causos" da Cláudia: O lanchinho da pandemia
Vocês já tiveram que fritar um ovo durante uma reunião? Pois é, tem coisas que só acontecem com mulheres, com mães, ou mais especificamente comigo. Estava eu em uma reunião executiva, logo no começo da pandemia. Minha ajudante, que limpava a casa para mim e normalmente fazia o almoço, estava na casa dela, devidamente confinada na quarentena. E eu estava é desesperada. Fazia reunião varrendo o chão, acompanhava a lição do menino (e olha que meus sogros depois ajudaram nisso), lavava louça, secava as mãos e digitava... um dia, estava no meio de uma reunião executiva e meu filho começou a berrar; "ohhhh maaae, ohhh maeee... quero um lanchinho! Tô com fome, tô com fome, lanchinho, lanchinho!!!". Colocando o microfone no mudo e fechando a câmera na velocidade da luz, lá fui eu apresentar o máximo que meus dotes culinários permitem em uma emergência: fui fritar um "pão com ovo". Zoiudo vai, zoiudo vem, meu chefe abre o microfone e diz: "Claudia, pode abrir a câmera?". Confesso que congelei, abri meu microfone, suada, descabelada, cara de mãe sofrida mesmo. Aquele zzzz de ovo fritando ao fundo e falei: "gente, desculpa, tô fazendo um ovo aqui que meu filho quer lanchinho!". Ser mãe é sobre isso. Muitas vezes tentamos "equilibrar" os pratinhos de um jeito que não é equilibrável, saudável ou adequado. Qual mãe nunca parou e pensou: "Deus, como vou fazer para dar conta disso?!". Mas o fato é que sempre damos. Nota: o pão com ovo ficou uma delícia e virou tema de toda reunião executiva que acontecia na empresa. A lenda do lanchinho e do pão com ovo rendeu muitas risadas e trouxe uma realidade que todas nós vivemos em maior ou menor grau durante a pandemia: a de buscar um equilíbrio que não existe.

Ainda no tema conflito trabalho e família, dentre os pesquisados do meu trabalho acadêmico, evidenciou-se a necessidade de suporte familiar e uma rede de apoio para equilibrar carreira e família. Um estudo da Bain & Company com o LinkedIn já havia revelado que mulheres em cargos de liderança sênior são 43% mais propensas a precisar de apoio pessoal e profissional para se sentirem confiantes (BATISTA; MATTOS, 2019). Estudos anteriores, como Armstrong et al. (2007), confirmam que o suporte familiar é crucial para a escolha e evolução das mulheres em carreiras de tecnologia. Os achados indicam que mulheres em fases intermediárias e superiores de carreira dependem significativamente dessas redes de apoio para equilibrar vida profissional e familiar. A seguir, apresento alguns trechos de achados da pesquisa que demonstram essa necessidade:

> *Nessa época aí eu também fiquei grávida, e aí com o bebê pequeno, sem grandes opções nem grana pra pagar a faculdade, eu falei 'cara, eu preciso de ajuda', eu realmente preciso de ajuda... (mulher na fase superior da carreira de TI, sobre necessidade de ajuda durante a gravidez).*

> *E eu tive minha mãe, que me ajudou muito. Se não fosse ela, quando os meninos eram pequenos, eu não teria condições de fazer tudo [...] eu teria dado um passo pra trás [...] (mulher na fase superior da carreira de TI, sobre necessidade de rede de apoio, para trabalhar e ser mãe).*

> *Ele sempre me apoiou bastante, então muitas vezes ele chega muito mais cedo do que eu, ele dá a janta, ele cuida dos meninos [...] se eu tô em momento de crise, fico lá até de madrugada [...] eu sempre tive alguém pra me ajudar (mulher na fase superior da carreira de TI, sobre como dividir as responsabilidades com o marido e se tornar líder de um grande time de tecnologia).*

3.4.3. Sociedade e cultura organizacional

O contexto tecnológico e organizacional atual, com raízes no Iluminismo e na Revolução Industrial, perpetua uma visão patriarcal e masculinizada da sociedade, da cultura e da ciência. Essa visão ainda persiste no cenário contemporâneo, onde a sociedade apresenta-se moldada por vieses e estereótipos, os quais são comportamentos repetitivos e inconscientes, baseados em premissas etnológicas, educacionais, culturais, sociais e antropológicas (veremos mais detalhadamente esse tema a seguir).

O fato é que, em várias pesquisas, os vieses, estereótipos e preconceitos foram identificados como fatores relevantes existentes na sociedade e bastante negativos na trajetória de carreira das mulheres.

As mulheres tendem a ser subestimadas. Uma pesquisa do LinkedIn de 2018 revelou que perfis femininos são 13% menos acessados que os masculinos, sem justificativa aparente (ÉPOCA NEGÓCIOS ONLINE, 2019). Além disso, uma pesquisa de Joan C. Williams em 2015 mostrou que dois terços das mulheres entrevistadas já sofreram algum tipo de estereótipo ou viés em relação à sua performance.

A sociedade e a cultura organizacional influenciam diretamente a carreira feminina. Estereótipos e vieses prejudicam a percepção de competência das mulheres e a valorização de suas conquistas, dificultando seu crescimento profissional. A seguir, compartilho alguns trechos coletados de minha pesquisa que demonstram esse desafio:

> *As mulheres sofrem algum tipo de preconceito até quando elas precisam ser mais enérgicas. Porque o homem, como enérgico, ele é desejável. A mulher quando precisa ser mais enérgica [...] acaba sofrendo um certo preconceito como autoritária, como dama-de-ferro [...] (homem na fase superior da carreira de TI, sobre como enxergam os preconceitos enfrentados por elas).*
>
> *[...] E aí você precisa ser mais grossa, de repente, pra você ser ouvida. [...] ou ao contrário também [...] ele abre a câmera e te acha bonitinha, já não dá tanta porrada [...] é horrível [...] (mulher na fase superior da carreira de TI, sobre preconceito e comportamentos esperados das mulheres em TI).*
>
> *Então eu acho que esse cansaço físico, muitas vezes quando eu tenho que fazer apresentações grandes, que eu sei que tem muito homem, é difícil. Não é só estudar o tema, é se preparar psicologicamente. Você acaba a apresentação parecendo que matou um leão, e simplesmente o que tinha que falar é meia dúzia de palavras (mulher em fase superior da carreira de TI, sobre sociedade e cultura organizacional).*
>
> *Mas você precisa ser, senão você não é ouvida. Você precisa estar o tempo todo [...] preocupada com o que você vai falar, como vai falar, como vai se sentar, se vestir [...], mas tem hora que eu tô dentro da sala, eu tenho que falar 'Gente, eu tô aqui!' (mulher na fase superior da carreira de TI, sobre preconceito com as mulheres em tecnologia).*

As narrativas apresentadas evidenciam a complexidade e os desafios enfrentados pelas mulheres na área de tecnologia, refletindo as pressões psicológicas e sociais impostas por uma cultura organizacional predominantemente masculina e patriarcal. A necessidade constante de provar competência e conhecimento técnico é uma carga adicional que recai sobre as mulheres, muitas vezes mais exaustiva do que as longas horas de trabalho. A dualidade nas expectativas comportamentais também se destaca: enquanto a assertividade é vista como uma qualidade desejável em homens, é frequentemente interpretada de forma negativa em mulheres, rotulando-as como autoritárias. Esse preconceito sutil, porém, profundo, força as mulheres a caminhar sobre uma linha tênue entre serem ouvidas e evitarem falar para não passarem por julgamentos negativos, uma dinâmica que amplifica o desgaste emocional.

Além disso, a superficialidade com que algumas interações são conduzidas, em relação à aparência física, pode influenciar a seriedade com que suas contribuições são recebidas (ou com que os *feedbacks* são dados), revelando uma faceta perturbadora da cultura organizacional que impacta o crescimento e a evolução profissional das mulheres. Em suma, somos frequentemente obrigadas a adaptar nossas atitudes e comportamentos para sermos levadas a sério, o que pode incluir desde a necessidade de sermos mais enérgicas até a luta para sermos vistas e ouvidas em reuniões majoritariamente masculinas. Todo esse contexto explica parte da razão pela qual continuamos sendo minoria e continuamos desistindo.

Mudanças na sociedade e na cultura organizacional são necessárias para que as mulheres possam desempenhar seus papéis de maneira plena e autêntica, sem o peso constante da necessidade de comprovar seu valor. A sociedade e as organizações devem reconhecer e combater esses preconceitos estruturais, proporcionando um espaço onde o talento e a competência sejam os únicos critérios de avaliação.

Somente assim será possível construir um futuro no qual as mulheres na tecnologia possam prosperar, contribuindo significativamente para o avanço do setor sem o fardo adicional da desigualdade de gênero. Falaremos mais detalhadamente sobre estereótipos e vieses que nos desafiam nos próximos capítulos.

3.4.4. Mentoria e modelos na carreira de tecnologia

A falta de mentores e modelos femininos em cargos de liderança é um grande obstáculo para as mulheres em tecnologia. A ausência de mulheres em posições de destaque na TI faz com que muitas jovens não se identifiquem com a área. Ter modelos femininos é crucial para inspirar e motivar novas gerações. De acordo com pesquisa da PWC (2023), apenas 22% das jovens pesquisadas conseguem citar um modelo feminino de sucesso na área de tecnologia. Isso evidencia a importância de destacar e promover histórias de sucesso de mulheres na TI.

Os benefícios dos programas de mentoria e da existência de modelos inspiradores já foram amplamente comprovados em estudos anteriores. Na área de tecnologia, esses elementos são particularmente importantes para as mulheres, especialmente nas fases iniciais e intermediárias de suas carreiras, conforme mencionado anteriormente. Em ambas as fases, as mulheres necessitam de apoio e modelos para superar desafios decorrentes de sua condição de minoria.

Explorando a escolha de carreira, Adya e Kaiser (2005) demonstraram que a influência parental, especialmente a masculina, é crucial na decisão de meninas em ingressar em carreiras tecnológicas. Outros pesquisadores corroboraram esses achados, evidenciando que a influência dos pais é o principal fator na escolha dessas carreiras. Nos entrevistados de minha pesquisa de mestrado, essa influência foi notada nos discursos de quase todos os participantes.

> *E isso também sempre foi muito cativado pelos meus pais, principalmente pelo meu pai. Ele falava muito sobre isso, que eu tinha que ter uma carreira [...] (mulher na fase superior da carreira de TI, sobre como a pai a influenciou para escolher a área de TI).*
>
> *Acho que o que me fez, principalmente, escolher a faculdade de tecnologia foi o exemplo dentro de casa. Foi ver tanto o meu pai e minha mãe trabalhando na área [...] (homem na fase inicial da carreira de TI, sobre escolha da área de tecnologia).*
>
> *Por exemplo, minha filha, ela tem vinte anos. E desde quando ela foi fazer a faculdade, ela falou: 'ah, mãe, quero fazer TI!'. Por quê? Porque ela me viu como espelho dela (mulher na fase intermediária da carreira de TI, sobre como a filha escolheu a área de STEM).*

Apesar da lacuna de participação entre homens e mulheres na TI, há um crescente envolvimento feminino, com exemplos de sucesso no empreendedorismo digital e inovação, como Cristina Junqueira, fundadora do Nubank, e Dani Junco, CEO da B2Mamy. Camila Achutti, com menos de 30 anos, já possui duas *startups* de tecnologia avaliadas em milhões. Essas mulheres servem como importantes modelos para as novas gerações de meninas na TI, desempenhando um papel fundamental na escolha e continuidade na carreira tecnológica.

Pesquisas evidenciam que, em todas as fases da carreira, modelos e mentores são essenciais na escolha profissional, no incentivo, no direcionamento de planos de carreira e como fontes de inspiração (OLIVEIRA, 2022).

Programas de mentoria que aproximam as mulheres de modelos profissionais e práticas diárias são estratégias eficazes para aumentar a atratividade, persistência e ascensão de mulheres em carreiras técnicas. Outros achados na minha pesquisa de mestrado apresentaram nos discursos de quase todos os participantes a importância de um mentor ou de programas de mentoria ao longo da nossa carreira.

[...] O apoio de uma mulher que me enxergou como mulher, com um filho pequeno, sem marido [...] 'Ela acreditou em mim então eu também vou acreditar', porque eu também não acreditava que podia, morava na zona leste, não tinha grana, não tinha computador, não tinha nada (mulher na fase superior da carreira de TI, sobre como recebeu apoio de uma mulher no início de sua carreira).

Eu tive sim uma mentora [...] ela foi, tipo, me impulsionando. Ela falou: 'olha, estuda isso!' [...] Porque ela também queria que eu crescesse [...] então, realmente, eu a tive como mentora, como espelho (mulher na fase intermediária da carreira de TI, sobre como se espelhou em sua mentora para crescer na carreira).

Eu sempre tive uma mentora [...] E sem dúvida nenhuma a profissional que eu me tornei hoje é inspirada nela, né? É muito inspirada em crescer, em me formar [...] (mulher na fase superior da carreira de TI, sobre a importância de uma mentora para sua carreira).

[...] uma relação de mentoring ela muda o mentor ou a mentora que tá ali em contato... é diferente de um treinamento... você consegue enxergar [...] códigos corporativos que ninguém fala. No mentoring, o mentor começa a te dar pistas [...] (mulher responsável pelos programas de diversidade e/ou processos de recrutamento e seleção sobre a importância das mentorias no desenvolvimento profissional das mulheres).

"Causos" da Cláudia: quem deu minha primeira oportunidade de emprego foi uma mulher

Sabe aquela sensação de alívio quando você pede um motorista de aplicativo e vem uma mulher? Eu a tive na minha segunda entrevista de emprego. Eu tinha 18 anos, recém completados. Havia acabado de perder minha mãe. Tinha acabado de me formar em um colégio técnico, de informática industrial, tinha zero experiência prática. Como o próprio nome do curso diz, queria procurar emprego na indústria. Na minha primeira tentativa e entrevista de emprego, tomei um grandioso NÃO e ainda com explicação: PORQUE EU ERA MULHER. Muito alta, muito jovem para trabalhar na fábrica, inapropriado... (naquela época podia-se falar abertamente sobre isso). Hoje alguns "nãos" são mais silenciosos... enfim, trauma gerado na primeira entrevista, meses depois eu parti para a segunda: entrei na sala e vi uma menina. Uma menina na frente do computador. A vaga era para substituir ela. Me perguntaram se conhecia X, Y, Z, falei que era muito estudiosa, que não conhecia nada, mas que tinha muita vontade de aprender e que ela podia contar comigo. Ela me deu essa chance e por isso escrevo aqui para você hoje. Minha homenagem para Vanice, que me iniciou no mundo da tecnologia, teve confiança, me contratou, me treinou e muitos anos depois ainda me promoveu para a minha primeira posição de liderança. Só podia ser mulher...

3.4.5. Economia e oportunidades

"É pelo trabalho que a mulher vem diminuindo a distância que a separa do homem, somente o trabalho poderá garantir-lhe uma independência concreta."

BEAUVOIR (1967)

A demanda por profissionais de TI está crescendo, especialmente após a pandemia de COVID-19, a transformação digital e a era da inteligência artificial. Juntos, esses fatores tornaram-se cruciais para a continuidade dos negócios, aumentando a necessidade de profissionais de tecnologia com conhecimentos bastante específicos. No entanto, com a ainda tímida participação das mulheres no mercado mundial e nacional, a pergunta que fica é: como podemos nos preparar para aproveitar essa demanda e reduzir a desigualdade de gênero em TI?

Para aproveitá-la e aumentar a participação feminina na área de tecnologia, é essencial adotar algumas estratégias, muitas já mencionadas anteriormente. Primeiramente, precisamos incentivar meninas e mulheres a se interessarem e se capacitarem em áreas de tecnologia desde cedo. Programas educacionais e *workshops* específicos para mulheres podem ajudá-las a desenvolver habilidades técnicas e aumentar a confiança. Além disso, estabelecer programas de mentoria nos quais mulheres em posições de liderança possam orientar e inspirar as que estão começando suas carreiras é fundamental. Criar redes de apoio que promovam a troca de experiências e suporte mútuo também é crucial.

Empresas devem adotar políticas de inclusão e diversidade, criando ambientes de trabalho mais acolhedores para as mulheres. Isso inclui oferecer flexibilidade no trabalho, licença-maternidade adequada e oportunidades iguais de crescimento. Outro passo importante é promover a visibilidade de mulheres que já atuam com sucesso na área de tecnologia, destacando suas conquistas e mostrando que é possível alcançar altos cargos. A representatividade importa para inspirar novas gerações.

Governos e organizações não governamentais podem colaborar com empresas de tecnologia para criar programas de incentivo à contratação de mulheres, além de financiar projetos que promovam a igualdade de gênero. A era da inteligência artificial e da transformação digital apresenta uma oportunidade única para reverter a sub-representação das mulheres em TI. Ao implementar essas estratégias, podemos não apenas preencher a crescente demanda por profissionais de tecnologia, mas também promover um mercado de trabalho mais inclusivo e equitativo em termos de gênero. Isso beneficiará não apenas as mulheres, mas toda a indústria, ao trazer uma diversidade de perspectivas, criações e inovações para o campo da tecnologia.

3.4.6. Programas de diversidade, equidade de gênero e processos de recrutamento e seleção

Os programas de diversidade e equidade de gênero são essenciais, mas enfrentam desafios significativos. Treinamentos e ações afirmativas, como vagas específicas para mulheres, frequentemente encontram resistência. No entanto, essas iniciativas são cruciais para criar um ambiente de trabalho mais inclusivo e para atrair e reter mais mulheres na TI, promovendo a equidade e aproveitando o potencial feminino.

A diversidade também demanda um processo de seleção diferenciado, mais justo e focado na inclusão. Investidores profissionais têm mostrado preferência por empresas que aumentam a contratação de mulheres e investem na diversidade, transformando o tema em uma questão econômica e de competitividade, porém as empresas não parecem estar totalmente preparadas e maduras para atender a essas demandas.

Existem preocupações com vieses em entrevistas, uso de algoritmos limitados ou enviesados e anúncios de vagas com linguagem tendenciosa. Processos bem estruturados são fundamentais para promover a igualdade de gênero nas organizações. Além disso, estratégias para tornar as empresas mais atraentes para as mulheres são essenciais.

3.5. Conclusão: desafios existem para serem superados

Os números mostram que, apesar dos progressos, ainda há um longo caminho a percorrer para alcançar a equidade de gênero na TI. As barreiras são muitas, mas com iniciativas focadas e um esforço coletivo, podemos criar um ambiente mais inclusivo e igualitário. Com um entendimento mais profundo desses fatores, podemos trabalhar juntos para criar um ambiente mais justo e igualitário para todas as mulheres interessadas em tecnologia.

Capítulo 4

Vieses de gênero: conhecer para combater (ou sobreviver)

"O preconceito é um fardo que confunde o passado, ameaça o futuro e torna o presente inacessível."

Maya Angelou, escritora, poetisa e ativista dos Estados Unidos

O preconceito e a discriminação são inimigos silenciosos da equidade de gênero na área de tecnologia. Muitas vezes, eles se manifestam de forma sutil, disfarçados de piadas, comentários inofensivos ou até mesmo de elogios. Contudo, por trás dessa aparente inocência, em nossa sociedade e organizações, escondem-se vieses de gênero que podem prejudicar a carreira das mulheres, limitando suas oportunidades e perpetuando a desigualdade. Na pesquisa que conduzi durante meu mestrado, 85% dos entrevistados, tanto homens quanto mulheres, afirmaram que fatores sociais, econômicos, culturais e individuais afetam a carreira das mulheres em tecnologia. Dentre esses fatores, os vieses, estereótipos e preconceitos de gênero foram apontados como os mais impactantes, especialmente nas fases intermediária e superior da carreira. Veremos mais detalhes desses impactos a seguir.

4.1. O que são vieses de gênero?

Os vieses de gênero são como sombras que, muitas vezes, não percebemos, mas que afetam profundamente nossas atitudes e decisões. Eles são crenças e atitudes inconscientes que temos sobre homens e mulheres, fundamentadas em estereótipos de gênero. Esses vieses influenciam nossas decisões e comportamentos de maneira sutil, muitas vezes sem que percebamos que estamos discriminando. Em essência, os vieses são inclinações ou preconceitos que moldam nosso julgamento e nossa tomada de decisão de forma automática e inconsciente, desvinculados da realidade objetiva.

Daniel Kahneman, em seu livro *Thinking, Fast and Slow* (2011), descreve dois sistemas de pensamento: o Sistema 1 e o Sistema 2. O Sistema 1 é rápido, automático e intuitivo, operando com base em associações e experiências passadas. Por outro lado, o Sistema 2 é lento, deliberado e analítico, exigindo esforço consciente para processar informações. Os vieses geralmente emergem do Sistema 1, que busca economizar energia cognitiva e tempo, resultando em julgamentos rápidos, porém frequentemente imprecisos.

No contexto de gênero e das mulheres na área de tecnologia, esses vieses podem levar à perpetuação de estereótipos e discriminação, afetando a contratação, a promoção e o reconhecimento profissional. Um exemplo comum é o viés inconsciente que subestima as capacidades técnicas de uma mulher em comparação a um homem, ou que a considera mais adequada para funções de suporte.

A cultura e a diversidade podem atuar tanto como barreiras quanto como motores de avanço nas potências tecnológicas e nos negócios digitais. No entanto, a participação feminina no mercado de trabalho ainda é desproporcional e cresce lentamente. Estudos demonstram a existência de uma escala que mede a masculinidade na cultura de uma organização ou sociedade, conhecida como "escala de masculinidade *versus* feminilidade de Hofstede (1980)". Países como Estados Unidos e Suíça apresentam uma tendência socialmente masculina, com pontuações de 62 e 70, respectivamente, em uma escala de 1 a 100. O Japão, com uma pontuação de 95, exemplifica uma masculinidade marcante. Nessas sociedades, valores tradicionalmente associados aos homens, como agressividade e ambição, predominam. Em contraste, valores como cooperação e cuidado são mais femininos. Em 2014, o Brasil obteve uma pontuação de 49, sugerindo um certo equilíbrio entre os valores masculinos e femininos (ANDRADE; CERQUEIRA; OLIVEIRA, 2021).

Esses resultados são fortemente influenciados por estereótipos e vieses culturais, os quais são atalhos cognitivos afetando a percepção que temos de grupos ou indivíduos. No contexto da equidade de gênero, esses vieses moldam tanto a autopercepção das mulheres quanto a maneira como são vistas pela sociedade. No setor de tecnologia, predominantemente masculino, esses estereótipos e vieses constituem barreiras significativas que dificultam o crescimento das mulheres e podem minar sua autoridade.

A seguir vamos detalhar os principais vieses de gênero que influenciam a carreira de mulheres na área de tecnologia, com base em estudos anteriores e em minha pesquisa de mestrado.

4.2. Diferença entre vieses, estereótipos e preconceitos

Esses termos, embora relacionados, têm significados distintos e desempenham papéis diferentes. Esta seção aborda as definições, origens e impactos desses fenômenos, com foco específico em como eles afetam as mulheres na área de tecnologia.

» Os **vieses** são inclinações ou tendências inconscientes que influenciam nosso julgamento e comportamento. Originam-se do processamento automático do cérebro, descrito por Daniel Kahneman (2011) como o "Sistema 1" (já mencionado anteriormente), que é rápido e intuitivo, mas nem sempre preciso. Vieses são baseados em experiências passadas e associações mentais, e ocorrem sem que a pessoa tenha a intenção consciente de discriminar.

» **Estereótipos** são crenças generalizadas e simplificadas sobre um grupo de pessoas. Eles emergem como uma forma de o cérebro categorizar e simplificar a complexidade social. Embora possam ter uma base em observações reais, os estereótipos ignoram a variabilidade individual e pessoal de cada um e promovem uma visão distorcida da realidade.

» **Preconceitos** são atitudes ou sentimentos negativos em relação a um grupo de pessoas, baseados em estereótipos e vieses. Diferentemente dos vieses, que são inconscientes, os preconceitos envolvem julgamentos conscientes e muitas vezes resultam em discriminação ativa. Eles refletem uma predisposição negativa que pode se manifestar em comportamentos explícitos de exclusão ou tratamento desigual.

Embora distintos, vieses, estereótipos e preconceitos estão interconectados. Vieses inconscientes podem reforçar estereótipos, que, por sua vez, alimentam preconceitos conscientes. Esse ciclo perpetua a discriminação sistêmica e cria um ambiente de trabalho hostil para grupos marginalizados, incluindo mulheres na tecnologia.

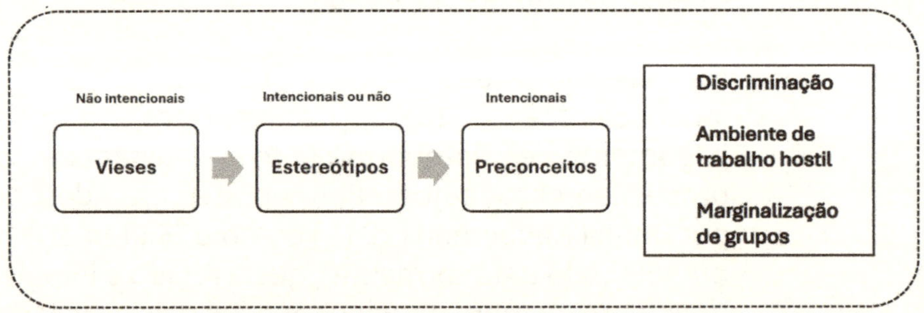

Figura 4.1. Relação entre vieses x estereótipos x preconceitos. Fonte: a autora.

4.3. Os sete principais vieses de gênero que afetam as carreiras das mulheres em tecnologia

4.3.1. Viés de desempenho (*prove it again*)

Imagine ser constantemente questionada sobre sua competência e habilidades, mesmo após diversas conquistas. Esse é o dia a dia de muitas mulheres na TI. O viés de desempenho assume que as mulheres são menos competentes que os homens e, por isso, elas precisam provar suas habilidades repetidamente. Currículos com nomes femininos são frequentemente avaliados de forma menos favorável em comparação com os mesmos currículos com nomes masculinos. Em um estudo da Universidade de Yale (AHLQVIST; LONDON; ROSENTHAL, 2013), os professores de ciências eram mais propensos a contratar homens, oferecendo-lhes salários iniciais mais altos e oportunidades de mentoria. A seguir, compartilho alguns trechos de minha pesquisa onde os entrevistados abordaram questões relacionadas a esse viés:

> *O difícil é a pressão psicológica de você estar o tempo todo tendo que provar que você é boa, que entende de tecnologia [...] às vezes as suas 12 horas de trabalho não cansam tanto quanto você ter que se preparar para uma reunião que você sabe que só vai ter homem e que ninguém vai te ouvir (mulher na fase superior da carreira de TI, sobre como a mulher na área de tecnologia é julgada e pressionada).*

> *[...] já teve situação de ter que participar de sala de crise e comentarem 'ah, é mulher, manda embora [...]' (mulher na fase superior da carreira de TI, sobre a invalidação do seu conhecimento técnico para participar da solução de problemas complexos).*

> *Somente pela pessoa ser do sexo feminino, tem muito disso, né? De você não legitimar, deslegitimar a opinião dela, né? Então acho que isso acontece bastante dentro dessa área de TI [...] (homem na fase inicial da carreira de TI, sobre como enxerga o preconceito com as mulheres na sua área de atuação).*

4.3.2. Viés de atribuição

Este viés refere-se à tendência de atribuir o sucesso dos homens às suas habilidades e aos seus esforços, enquanto o sucesso das mulheres é frequentemente atribuído à sorte ou à ajuda externa. Da mesma forma, os erros das mulheres são mais frequentemente vistos como falta de competência, enquanto os erros dos homens são tratados como exceções ou resultados de fatores externos. Esse viés faz com que as próprias mulheres atribuam para si mesmas "uma barra mais alta", cobrando-se mais e valorizando-se menos valor do que os homens, devido à constante convivência com o preconceito vivido. Uma pesquisa conduzida pelo LinkedIn em 2016 mostrou que as mulheres precisam atender a 100% dos requisitos para se candidatarem a determinada vaga. Já os homens se candidatam mesmo que nem todos os requisitos sejam totalmente preenchidos (TRÊS, 2019). Durante minha pesquisa de mestrado, o viés da atribuição foi diversas vezes mencionado pelos entrevistados, tais como nos trechos em destaque:

> *[...] a pretensão das mulheres [...] é menor do que a dos homens. E é interessante, a maioria dos profissionais do sexo feminino na minha equipe é, no geral, melhor do que a média dos profissionais do sexo masculino [...] E custam menos (homem na fase superior da carreira de TI, sobre como mulheres atribuem a si salários menores que o dos homens).*

> *[...]a própria mulher se coloca uma barra mais alta: não vou aplicar pra essa vaga porque eu não falo inglês, eu não vou fazer isso porque não estou pronta [...] e a barra mais alta que os outros colocam com as mulheres, que é: poxa, será que ela está pronta? Será que ela é boa mesmo? (mulher responsável pelos programas de diversidade e/ou processos de recrutamento e*

seleção, sobre como as mulheres têm receio de se candidatar a determinadas vagas).

4.3.3. Viés da corda bamba (*tightrope*)

Refere-se à difícil e delicada linha que muitas mulheres precisam caminhar (ou se equilibrar) para que sejam percebidas como competentes e respeitadas no ambiente de trabalho. Esse viés se manifesta quando mulheres são forçadas a balancear comportamentos considerados tipicamente masculinos, como assertividade e confiança, com os estereótipos femininos de amabilidade e cooperação. No setor de tecnologia, esse viés é particularmente prejudicial, pois a área é tradicionalmente dominada por homens e valorizada por habilidades técnicas e assertividade. A pressão sobre as mulheres para se comportarem de forma "feminina" e "agradável" ao mesmo tempo em que precisam ser objetivas e competentes para serem levadas a sério está presente no dia a dia de vários entrevistados na pesquisa, como podemos conferir a seguir:

> *Eu acho que a cobrança de você ser feminina, ou de ser boazinha, é muito grande. E aí você também, de vez em quando, não se enxerga, né? Por exemplo, eu olho e falo assim 'De repente eu não sou tão ruim assim', sabe? (mulher na fase superior da carreira de TI, sobre a insegurança entre ser assertiva ou feminina "demais" para o mundo corporativo).*

> *'Olha, sua TPM chegou!', 'Você deve estar de TPM!' [...] as pessoas não pensam na hora de usar, mas na hora que tem que usar, usa (homem na fase superior da carreira de TI, compartilhando experiências de quando o comportamento de uma mulher foi rotulado com base em seus hormônios).*

> *[...] eu também trabalhei com mulheres que deram bastante trabalho no sentido de ir mais para o emocional do que para o racional [...] (homem na fase superior da carreira de TI, dizendo claramente que algumas mulheres foram "emocionais" demais com ele).*

4.3.4. Viés da maternidade (*maternal wall*)

De acordo com uma pesquisa de Harvard sobre viés inconsciente, 76% dos participantes associam homens à carreira e mulheres ao cuidado com a família (GELENSKE, 2024). Esse resultado demonstra o viés da maternidade, que se trata da crença de que as mulheres se tornam menos comprometidas com o trabalho após a maternidade, o que pode levar à discriminação e à falta de oportunidade. Trata-se de uma discriminação direcionada às mulheres que são ou que podem vir a ser mães. Ela se baseia na suposição de que as responsabilidades familiares tornam as mulheres menos comprometidas, disponíveis e competentes no ambiente de trabalho. No setor de tecnologia, onde a dedicação intensiva e a disponibilidade são frequentemente valorizadas, esse viés pode ser particularmente prejudicial e pode se manifestar de várias maneiras. Mulheres que são mães ou que expressam o desejo de ter filhos podem ser vistas como menos disponíveis para projetos exigentes, complexos ou para papéis de liderança. Elas podem ser excluídas de oportunidades de crescimento, sob a suposição de que não conseguiriam equilibrar as demandas familiares com as responsabilidades profissionais. Além disso, existe a crença de que mães são menos comprometidas com seu trabalho, independentemente de seu desempenho real. Estudos revelam que três em cada sete mulheres têm medo de perder o emprego ao engravidar, 22% dessas mulheres não conseguem reintegrar-se no mercado de trabalho após o nascimento dos filhos (PAES, 2019) e 48% das mães são demitidas até dois anos após a licença-maternidade (REDAÇÃO MARIE CLAIRE, 2017). Dados de uma pesquisa conduzida pelo InfoJobs mostraram que 86% das mulheres já afirmaram crer que a maternidade é vista de forma negativa no mercado de trabalho e sofreram algum tipo de preconceito associado (EXTRA, 2024). Muitas mulheres relatam ser frequentemente questionadas sobre sua capacidade de gerenciar responsabilidades familiares e profissionais, e muitas receberam menos oportunidades de desenvolvimento de carreira em comparação com seus colegas masculinos e mulheres sem filhos. Um estudo realizado pela LeanIn.org e pela McKinsey & Company (MCKINSEY & COMPANY, 2023) revelou que a probabilidade de mulheres sem filhos serem promovidas é quase o dobro daquelas com filhos. Além disso, o estudo mostrou que as mães na tecnologia tendem a receber *feedback* menos positivo e enfrentam expectativas irrealistas sobre sua disponibilidade e dedicação. Logo, temer esse viés não é sem fundamento para as mulheres da área de tecnologia. Ele também se mostrou presente no discurso dos entrevistados, como vemos a seguir:

> *Uma menina tava fazendo um exame e descobriu que tava grávida no exame de admissão [...] ela acabou de mudar de empresa... O estrago de crescimento é assustador... ela vai ficar parada, durante a licença maternidade, até ela conseguir começar a engatilhar de novo, se é que vai [...] O homem não tem isso, ele só vai (mulher na fase superior da carreira de TI, demonstrando a preocupação com a "interrupção" que as mulheres têm na carreira durante o período da licença maternidade).*

> *Coincidentemente, eu não sou mãe, então talvez isso também não tenha me prendido muito e por isso eu tenha conseguido me tornar líder [...] (mulher na fase superior da carreira de TI, alegando que talvez tenha atingido a liderança por não ter que dividir a atenção entre carreira e maternidade).*

> *[...] por exemplo, a grande maioria das minhas funcionárias que não estudavam eram mães solteiras. Então elas tinham que escolher, ou elas faziam uma certificação, ou elas colocavam comida para os filhos [...] (mulher na fase superior da carreira de TI, demonstrando o impacto que os filhos têm no estudo e na evolução profissional).*

> *E [...] a pessoa precisa se afastar, porque precisa ser mãe... é um pouco trágico, porque aí parece que se esquece de tudo o que é construído. E pro homem não tem isso, pro homem é uma carreira linear. Ser pai não é ser mãe. É bem diferente [...] (homem na fase superior da carreira de TI, reconhecendo que o período de licença e dedicação à maternidade pode atrasar a evolução de algumas carreiras de mulheres em tecnologia).*

> *O homem pode casar e pode tomar a decisão de ter filho, mas para ele nada muda [...] E aí quem acaba renunciando aos sonhos da profissão, da carreira, na maioria dos casos, é a mulher [...] (homem na fase superior da carreira de TI, demonstrando que*

as mulheres muitas vezes abrem mão de seus sonhos em prol dos cuidados com a família).

[...] eles não acreditam nas meninas, e muitas vezes isso acontece porque elas têm filhos (mulher na fase superior da carreira de TI, dizendo que a maternidade influencia na crença que os homens possuem de que as mulheres mães podem trabalhar bem).

4.3.5. Viés de afinidade

Já ouviu falar no "clube do Bolinha"? Esse termo é usado para descrever grupos nos quais a afinidade por semelhança predomina, favorecendo aqueles que são mais parecidos com quem está no poder. Na TI, onde a maioria dos líderes é homem, isso significa que homens são mais propensos a contratar e promover outros homens. Um estudo da *Harvard Business Review* mostrou que a afinidade baseada em gênero leva à formação desses "Clubes", onde homens em posições de poder patrocinam e promovem outros homens, deixando as mulheres de fora de suas redes de influência (WILLIAMS, 2015).

Esse viés trata basicamente da tendência de favorecer pessoas que se parecem com eles, o que pode levar à exclusão de mulheres em processos de recrutamento, promoção e mentoria. Questões relacionadas a esse viés também foram abordadas por meus entrevistados:

Se eles (os homens) entrarem e falarem qualquer coisa, todo mundo ri. Se você falar [...], não sabe o que tá falando (mulher na fase superior da carreira de TI, sobre comentários de homens e mulheres no dia a dia do trabalho).

Perguntei para um colega: 'como foi a entrevista?' E ele respondeu: 'foi ótima, o cara é sensacional! [...] o cara anda de moto, eu também ando de moto, nossa [...] foi muito legal'.

> *É claro que esse processo seletivo foi totalmente errado [...] totalmente enviesado pela afinidade [...] (mulher responsável por processos de recrutamento e seleção, sobre um processo seletivo em sua organização).*

4.3.6. Viés de estilo de liderança

Mulheres que adotam estilos de liderança assertivos são frequentemente vistas como agressivas ou difíceis, enquanto homens com o mesmo estilo são considerados líderes fortes. Esse viés pode prejudicar as chances de promoção das mulheres e afetar negativamente suas avaliações de desempenho. A pesquisa *Women in the Workplace*, da McKinsey & Company (2023), mostrou que mulheres em cargos de liderança recebem mais *feedback* negativo sobre seu estilo de liderança do que homens, mesmo quando demonstram as mesmas qualidades e comportamentos. Alguns trechos da pesquisa apontaram que isso é latente no dia a dia dos profissionais de tecnologia:

> *Para você ser executiva, você precisa andar num salto alto, você precisa ter toda uma forma de falar, né? (mulher na fase superior da carreira de TI, a respeito dos estereótipos e comportamentos esperados de executivas nas organizações).*

> *As mulheres sofrem algum tipo de preconceito até quando elas precisam ser mais enérgicas. Porque o homem como enérgico, ele é desejável. A mulher quando precisa ser mais enérgica [...] acaba sofrendo o preconceito de ser rotulada de autoritária, dama-de-ferro [...] (homem na fase superior da carreira de TI, entendendo e reconhecendo que existe sempre um comportamento esperado e julgado da mulher no mundo corporativo).*

4.3.7. Viés do cabo de guerra (*tug of war*)

A rivalidade e a falta de apoio entre as próprias mulheres, muitas vezes alimentadas pela escassez de oportunidades e pela pressão para se destacar em um ambiente dominado por homens, são refletidas por esse viés. Com o nome de cabo de guerra, ou "tug of war bias", ele descreve uma situação em que mulheres competem entre si devido às limitadas oportunidades de avanço em ambientes de trabalho dominados por homens. Ele se manifesta quando mulheres sentem que devem competir com outras mulheres pelo limitado número de posições destinadas a elas, em vez de colaborar e se apoiar mutuamente. No setor de tecnologia, onde a presença feminina ainda é sub-representada, esse viés pode ser especialmente prejudicial. A escassez de oportunidades para mulheres leva à rivalidade e à competição interna. Em vez de trabalharem juntas para superar barreiras e promover a igualdade de gênero, as mulheres podem ser levadas a ver outras mulheres como competidoras diretas. Isso pode resultar em comportamentos como a falta de apoio mútuo, críticas excessivas ou até sabotagem, minando a coesão e a solidariedade entre mulheres no ambiente de trabalho.

A seguir, alguns comentários que podem demonstrar esse viés nos entrevistados da pesquisa:

> *Então, particularmente, na empresa que eu trabalho, eu preferia trabalhar com homem [...] eles são mais receptivos, ajudam mais... talvez porque eu acho que mulher ainda tem aquela rixa de invejar [...] (mulher na fase inicial da carreira de TI, sobre preferência em trabalhar com homens e competição entre mulheres).*
>
> *Porque assim, é muito difícil uma mulher que quer ajudar uma outra mulher, sabe? (mulher na fase superior da carreira de TI, a respeito da falta de sororidade entre mulheres de tecnologia).*
>
> *Eu vejo essa dificuldade de algumas mulheres, principalmente as que estão em cargos altos de liderança, que lutaram, que passaram muito para estar lá, com um sentimento do tipo: meu, eu comi muita grama pra estar aqui, quem quiser que*

coma também, sabe? (Mulher responsável pelos programas de diversidade e/ou processos de recrutamento e seleção, sobre a falta de disposição em ajudar por parte das mulheres que "chegaram lá").

[...] não vou lá na reunião do grupo de mulheres porque vão achar agora que eu estou lá fazendo feminismo (mulher responsável pelos programas de diversidade e/ou processos de recrutamento e seleção, referenciando como as mulheres que se unem e se ajudam em sororidade são julgadas de feministas, de maneira pejorativa).

"Causos" da Cláudia: Mulheres também têm vieses
E essa mulher sou eu! Pois saiba que você também tem vieses, você só precisa aprender a recolhê-los e tratá-los. Estava eu, em um belo dia corporativo, onde o sol brilha lá fora, mas você mal olha pela janela... procurando um candidato ideal para uma vaga extremamente técnica. Sempre procuro deixar na lista final um homem e uma mulher e depois eu escolho por capacidade técnica. Pois bem, entrevistei o homem durante uma hora, fiz algumas perguntas e saí do processo achando ele o máximo. A menina era muito preparada, falava bem, tinha formação técnica e internacional. Mesmo assim, fiz as mesmas perguntas que fiz para o homem e possivelmente mais outra dúzia delas, já que fiquei "sabatinando" a coitada durante cansativas três horas. E eu não ia parar, até que pensei nos meus estudos sobre vieses... "Claudia, se ela fosse um homem, você ainda estaria com ela aqui nessa sala?" Ao final, eu contratei a menina – que realmente era mais adequada para a função –, mas antes disso ela teve que se provar para mim três vezes mais que o homem. Olha o viés do desempenho aí, gente...

4.4. A relação entre vieses inconscientes e nossa "síndrome da impostora"

A síndrome da impostora, termo cunhado pelas psicólogas Pauline Clance e Suzanne Imes em 1978, refere-se ao sentimento persistente de ser uma fraude, apesar das evidências externas de competência e sucesso. Clance e Imes estudaram 150 mulheres bem-sucedidas e descobriram que, apesar de suas realizações acadêmicas e profissionais, muitas sentiam que não mereciam seu sucesso e temiam ser "descobertas" como impostoras.

A relação entre vieses inconscientes e a síndrome da impostora é um tema crucial para compreendermos as barreiras enfrentadas por nós, na área de Tecnologia da Informação (TI). Esses fenômenos, profundamente interligados, criam um ciclo vicioso que afeta negativamente o bem-estar, a autoconfiança e o desenvolvimento profissional das mulheres no setor.

As mulheres se sujeitam, a partir dos vieses, a padrões mais rigorosos e críticas mais severas, e acabam por internalizar essas percepções distorcidas. Essa dinâmica resulta em uma necessidade constante de provar suas competências e habilidades, o que gera um estado de vigilância e autocrítica contínuo.

Nesse cenário, a síndrome da impostora encontra terreno fértil. Muitas mulheres na TI sentem que não pertencem verdadeiramente ao espaço que ocupam, mesmo quando possuem qualificações iguais ou superiores às de seus colegas homens. Esse sentimento de inadequação e a crença de que são uma fraude prestes a ser descoberta são amplificados pelos vieses inconscientes presentes em suas interações diárias. A síndrome da impostora, portanto, não é apenas um fenômeno individual, mas um reflexo das condições estruturais que perpetuam a desigualdade de gênero.

A interseção entre vieses inconscientes e a síndrome da impostora cria um ambiente no qual as mulheres duvidam constantemente de suas capacidades e conquistas. Essa condição de autossabotagem impede que se candidatem a novas oportunidades, busquem promoções ou se apresentem como líderes. Mesmo quando obtêm sucesso, muitas atribuem seus resultados a fatores externos, como sorte ou ajuda de terceiros, em vez de reconhecerem seu próprio mérito. A autopercepção negativa é reforçada por *feedbacks* enviesados que desvalorizam suas contribuições e questionam sua competência.

O impacto dessa dinâmica e o círculo vicioso são extremamente prejudiciais. Mulheres altamente qualificadas e talentosas deixam de explorar todo o seu potencial, afetando não apenas suas carreiras individuais, mas também a diversidade e a inovação no setor de TI como um todo. Empresas perdem a oportunidade de se beneficiarem com as perspectivas variadas que surgem de equipes diversificadas. Além disso, a falta de representatividade feminina em posições de liderança perpetua os estereótipos e os vieses, criando um ciclo difícil de romper.

Para a mitigação desses efeitos é essencial que as organizações reconheçam e combatam os vieses inconscientes em suas práticas de recrutamento, avaliação e promoção. O caminho para a equidade de gênero na TI exige um esforço coletivo para desmontar os mecanismos que sustentam os vieses inconscientes e a síndrome da impostora. Ao criar um ambiente onde as mulheres se sintam valorizadas e confiantes em suas capacidades, podemos liberar o potencial completo de todos os profissionais no setor, promovendo uma cultura de inovação e diversidade que beneficiará a todos.

4.5. O impacto dos vieses na carreira das mulheres

Esses vieses, mesmo quando sutis, podem ter um impacto significativo na carreira das mulheres na TI. Eles podem levar à falta de reconhecimento, à dificuldade de progressão na carreira, à exclusão de oportunidades e à desigualdade salarial. Além disso, podem criar um ambiente de trabalho hostil e desestimulante, levando muitas mulheres a abandonar a área ou alterar suas trajetórias profissionais.

O impacto dos vieses na carreira das mulheres na TI pode muitas vezes não ser diretamente percebido, mas é profundo e multifacetado. Eles criam um ambiente de trabalho tóxico e desmotivador, onde as profissionais enfrentam um esgotamento emocional e físico constantes. A necessidade de provar repetidamente suas habilidades e competências leva a uma sensação de inadequação e insegurança, mesmo entre as mais qualificadas. Isso não apenas impede o desenvolvimento pessoal e profissional, mas também perpetua a desigualdade de gênero no setor. Além disso, a desvalorização sistemática das conquistas das mulheres mina direta ou indiretamente sua autoconfiança (veja próxima seção abordando autossabotagem), impedindo que sejam reconhecidas por suas verdadeiras habilidades. Em um setor onde o reconhecimento do mérito é crucial para a progressão na carreira, essa subvalorização coloca as mulheres em desvantagem constante e significativa. Elas acabam internalizando essa percepção negativa, levando a uma autoavaliação crítica e uma hesitação em se candidatar a novas oportunidades de crescimento e evolução profissional.

As mulheres também são frequentemente punidas por demonstrarem assertividade – uma qualidade valorizada em seus colegas homens. Isso impede sua expressão autêntica e limita seu potencial de liderança. A necessidade de navegar cuidadosamente entre comportamentos contraditórios cria uma preocupação adicional para seu progresso.

A questão da maternidade adiciona uma camada extra de complexidade, resultando em discriminação e falta de oportunidades para aquelas que se tornam mães. Muitas são preteridas para promoções ou projetos desafiadores devido à suposição de que suas responsabilidades familiares e de cuidados afetarão seu desempenho. Esse preconceito desincentiva outras de considerarem a maternidade como uma opção viável, enquanto perseguem suas ambições profissionais.

A exclusão das redes de influência dominadas por homens e a rivalidade entre mulheres, exacerbada pela escassez de oportunidades, limitam ainda mais o avanço feminino na TI. Sem o apoio e a mentoria adequada, as mulheres enfrentam um caminho mais solitário e árduo em sua progressão profissional. A competição interna entre mulheres, alimentada pela percepção de que há poucas vagas para elas, prejudica a coesão, a solidariedade e a sororidade necessárias para combater os preconceitos sistêmicos.

Os vieses de gênero têm um impacto profundo na experiência das mulheres na TI, afetando desde a fase de recrutamento até o desenvolvimento da carreira e a retenção de talentos. Vamos explorar detalhadamente como esses vieses se manifestam e as consequências que trazem.

» **Recrutamento e seleção:** vieses inconscientes podem levar a uma sub-representação de mulheres nos processos de seleção. Muitas empresas, mesmo sem perceber, formulam descrições de vagas que atraem mais homens que mulheres.

» **Desenvolvimento de carreira:** mulheres frequentemente recebem menos oportunidades de desenvolvimento e treinamento do que seus colegas homens. Isso pode ser devido a vieses de afinidade, nos quais mentores e patrocinadores masculinos preferem apoiar outros homens. Relatório da Catalyst indica que mulheres são menos propensas a serem convidadas para projetos de alto perfil ou oportunidades de desenvolvimento de liderança, limitando seu crescimento profissional (KERR; POLLACK, 2022).

» **Ambiente de trabalho:** escritórios dominados por homens podem ser hostis ou pouco acolhedores para mulheres, especialmente em áreas como a TI, onde o "clube do Bolinha" predomina. A pesquisa *Elephant in the Valley* (WOMEN IN TECH, s.d.) revelou que muitas mulheres no Vale do Silício enfrentam assédio sexual no trabalho e sentem a necessidade constante de provar seu valor.

» **Retenção:** os desafios combinados de vieses de gênero, falta de oportunidades de desenvolvimento e ambientes de trabalho hostis levam a uma alta taxa de evasão entre mulheres na TI. De acordo com um estudo da Accenture e da Girls Who Code (2020), metade das mulheres na tecnologia deixa suas carreiras antes dos 35 anos, em comparação com apenas 20% dos homens.

O impacto cumulativo de tudo isso é realmente devastador. As mulheres na TI enfrentam uma batalha constante contra estereótipos e preconceitos que limitam seu desenvolvimento profissional e pessoal.

4.6. Conhecer para combater: estratégias para superar os vieses

A primeira etapa para combater os vieses de gênero é reconhecer sua existência. É preciso estar consciente de como eles se manifestam e de como podem influenciar nossas decisões e comportamentos. Para avançarmos, é crucial desafiar esses vieses em todos os níveis organizacionais. O primeiro passo está aqui: No letramento e entendimento de quais são os seus impactos. A implementação de políticas de igualdade de gênero, treinamento de conscientização sobre preconceitos e a promoção de uma cultura de inclusão também são itens essenciais. Algumas estratégias eficazes incluem:

» Programas de treinamento que ajudam os funcionários a reconhecer e enfrentar seus vieses inconscientes podem ser eficazes. Esses programas devem ser contínuos e integrar práticas de contratação, avaliação de desempenho e desenvolvimento de carreira. Empresas como Google e Facebook implementaram treinamentos de viés inconsciente como parte de suas iniciativas de diversidade e inclusão, ajudando a aumentar a conscientização e promover uma cultura mais inclusiva.

» Adotar práticas de recrutamento e seleção que garantam a igualdade de oportunidades para homens e mulheres, como a análise de currículos às cegas e a realização de entrevistas estruturadas. Implementar processos de seleção às cegas, onde informações de gênero são removidas dos currículos e formulários de inscrição, pode ajudar a reduzir o viés na contratação. Empresas que adotaram a seleção às cegas aumentaram a diversidade de seus funcionários. A Orquestra Sinfônica de Boston, por exemplo, viu um aumento significativo na contratação de mulheres após adotar audições às cegas.

» Criar programas de mentoria e patrocínio que incentivem a inclusão de mulheres pode ajudar a equilibrar as oportunidades de desenvolvimento de carreira. Ter mentores e patrocinadores que são defensores ativos das mulheres é crucial para seu crescimento profissional. A iniciativa "Lean In" de Sheryl Sandberg, ex-COO do Facebook/Meta, promoveu a importância de círculos de apoio e redes de mentoria para mulheres, ajudando a construir confiança e fornecer orientação. Esses círculos são grupos pequenos de mulheres que se reúnem regularmente para se apoiar mutuamente, compartilhar experiências e aprender novas habilidades. Esses círculos fornecem um espaço seguro para que as mulheres discutam desafios, recebam conselhos e celebrem suas conquistas.

» Políticas de transparência salarial também podem ajudar a identificar e corrigir desigualdades. A Salesforce, por exemplo, realiza auditorias salariais anuais e ajusta salários para garantir a igualdade de remuneração entre homens e mulheres.

» Promover uma cultura organizacional que valorize a diversidade e a inclusão, criando um ambiente de trabalho acolhedor e respeitoso para todos. Não basta atuar apenas em atratividade, é preciso atuar em inclusão e pertencimento. A cultura é o que acontece no "café", nas sutilezas de comentários feitos nos "corredores" ou "antes do início e ao final das reuniões". Não é o que "está escrito nas paredes" de uma organização, mas o que é "demonstrado" no comportamento de cada um dos atores que compõem determinado grupo.

Diversidade é quando você tem um lugar na mesa.

Inclusão é quando você pode falar.

Pertencimento é quando você é ouvido.

Figura 4.2. Diversidade e inclusão. Fonte: autor desconhecido.

Somente com essas ações intencionais poderemos criar um ambiente onde as mulheres possam prosperar sem serem limitadas por preconceitos arraigados na nossa cultura e sociedade há séculos e pelos quais ninguém é diretamente culpado. É isso mesmo que vocês leram, homens: não existem culpados diretos pela baixa participação das mulheres em tecnologia. Vocês não são culpados! Trata-se de um contexto antropológico, social, cultural e organizacional construído por anos e anos e no qual somos os principais atores. Não há culpados; porém, existem responsáveis. É uma responsabilidade coletiva garantir que o talento feminino seja reconhecido e valorizado de maneira justa, permitindo que todas as profissionais da TI alcancem seu pleno potencial e contribuam de forma significativa para o futuro da tecnologia.

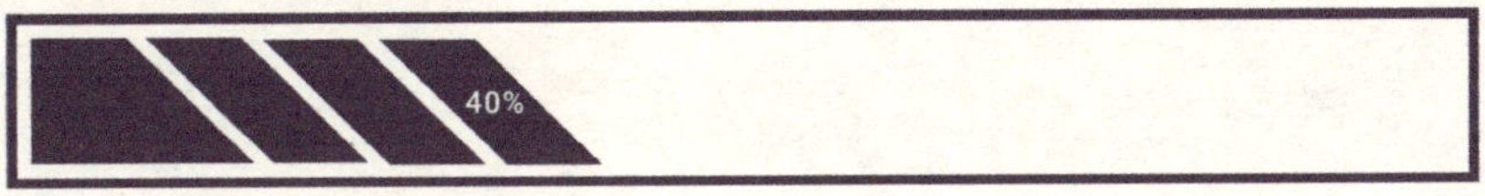

Capítulo 5

Maternidade, um capítulo à parte

"Ser mãe é aprender sobre pontos fortes que você não sabia que tinha e lidar com medos que você nem sabia que existiam."

Linda Wooten, autora conhecida por seu livro "A Mother's Thoughts" (1990)

5.1. Introdução

A maternidade é uma experiência profundamente transformadora, repleta de alegrias e descobertas, mas também de desafios significativos, especialmente para mulheres que atuam na área de TI. Eu diria que, em termos de desafio, este foi o maior que enfrentei ao longo da minha carreira. Não é segredo para ninguém que TI é um setor dinâmico e competitivo e que nós, as profissionais mães, enfrentamos a árdua tarefa de conciliar as exigências de nossas carreiras com as responsabilidades maternas, em uma rotina que muitas vezes se assemelha a um verdadeiro "malabarismo" diário. Trabalhar na TI requer constante atualização e adaptação às rápidas inovações tecnológicas, o que pode se tornar ainda mais complexo quando somado às demandas da maternidade. A pressão para se manter relevante e produtiva no ambiente de trabalho pode colidir com a necessidade de estar presente na vida dos filhos, gerando um conflito que muitas mulheres conhecem bem, mas que temem e tentam evitar. Mais de 43% das mulheres reportaram medo ao voltar ao trabalho após a licença-maternidade.

A falta de políticas de apoio adequadas nas organizações, como licença-maternidade suficiente e flexibilidade no horário de trabalho, agrava ainda mais a situação. Muitas vezes, profissionais se deparam com a falta de compreensão e apoio tanto de colegas quanto de gestores, levando à exaustão e ao sentimento de culpa por não conseguir equilibrar perfeitamente as duas esferas de suas vidas.

Neste capítulo, vamos explorar em profundidade o impacto da maternidade na vida profissional das mulheres na TI. Analisaremos os desafios específicos que elas enfrentam, desde a discriminação e os preconceitos no ambiente de trabalho (que já falamos anteriormente) até a necessidade de desenvolver habilidades de multitarefa e resiliência. Também discutiremos estratégias eficazes para equilibrar essa dicotomia.

Meu objetivo é não apenas destacar as dificuldades enfrentadas pelas mães na TI, mas também inspirar mudanças significativas que possam facilitar nossa jornada. Ao criar um espaço onde a maternidade e a carreira possam coexistir de maneira mais equilibrada, a indústria de tecnologia pode se beneficiar de uma força de trabalho mais diversa, motivada, saudável (mentalmente) e produtiva. É importante criar um futuro no qual ser mãe e ser uma profissional de tecnologia de sucesso não sejam caminhos mutuamente excludentes, mas complementares.

5.2. O desafio da conciliação: nasce uma mãe, nasce uma culpa

Ser mãe e profissional de TI é como equilibrar-se em uma corda bamba, com os desafios da maternidade de um lado e as demandas da carreira de outro. A jornada é repleta de renúncias e culpa, mas também é uma jornada de amor, realização e superação.

A tecnologia é conhecida por sua natureza dinâmica e exigente, com prazos apertados, longas horas de trabalho e a necessidade de estar sempre atualizado com as últimas inovações. Para muitas mulheres, a chegada da maternidade acrescenta uma camada adicional de complexidade a esse cenário.

Às vezes, as responsabilidades domésticas e de cuidados com os filhos recaem de forma desproporcional sobre as mulheres. Segundo dados do IBGE, as mulheres dedicam, em média, 18,1 horas semanais às tarefas domésticas, enquanto os homens dedicam 10,5 horas (AGÊNCIA IBGE NOTÍCIAS, 2020). Essa desigualdade começa a criar a lacuna existente de oportunidades entre homens e mulheres na carreira, como alguns entrevistados colocaram a seguir:

> *Até um caso bem interessante de uma profissional que passou por uma gravidez [...] ela precisava de um tempo para conciliar, mas a primeira coisa que ela trouxe é: 'ah, eu estou colocando meu cargo à disposição' (homem na carreira superior de TI, sobre uma colaboradora que ficou grávida e pediu para deixar o emprego).*
>
> *'Elas desistem [...] e quando os filhos estão grandes é que elas voltam para pensar na carreira [...] ela já cumpriu o papel de mãe e agora pode se dedicar. (mulher na carreira superior de TI, sobre a interrupção na carreira após a maternidade).*
>
> *Eu acho que muitas vezes eu não balanceei. Acho que muitas vezes os pratinhos caíram... com relação a relacionamento de casal, eu acho que eu sempre fui muito insuficiente [...] E eu acho que eu fui bastante ausente na vida dos meus filhos em alguns momentos (mulher na carreira superior de TI, sobre o desequilíbrio entre maternidade e trabalho na profissão).*

"Causos" da Cláudia: Penicos, carreiras, renúncias e desfralde
Não é segredo para ninguém que eu trabalho muito. Junta-se a essa receita uma criança pequena, em idade de desfralde. Todos os dias, quando eu abria a porta de casa, parecia uma cena de guerra: xixi, cocôs, penicos, fraldas, tudo espalhado pelos cômodos. Sinceramente, eu tive muita dificuldade em desfraldar meus filhos. Meu segundo filho então, nem se fala, trabalhava muito e acredito que o desfralde nunca foi prioridade da babá... um dia cheguei em casa e me deparei com aquela cena "de horror" e meu filho, paredes e móveis, todos sujos. Lembro de me sentar no sofá e chorar, chorar muito, e pensar: "Deus, não estou fazendo nada direito. Não consigo me dedicar ao trabalho, não consigo cuidar do meu filho. Não estou

conseguindo sequer tirar a fralda dele! Isso acontece porque trabalho muito, porque não fico com ele! Como quero ser uma executiva de tecnologia desse jeito?". Depois de muito chorar, tocou a campainha da minha casa. Limpei as lágrimas, dei uma arrumadinha na casa (sim, mãe não tem tempo nem para chorar direito... kkk) e atendi ao chamado. Era minha vizinha. Aqui um parêntese, para contar a história da dela: Joana* é mãe de um menino da mesma idade que o meu (seu filho é apenas 3 meses mais velho) e na época ambos tinham entre 1 e 2 anos. Ela havia optado por deixar a carreira e ficar em casa, acompanhando a criação de seus filhos (ou seja, caminho oposto do que eu havia escolhido). Qual não foi minha surpresa quando nesse dia ela entrou na minha sala bastante angustiada e disse: "Preciso desabafar com você, eu não consigo desfraldar meu filho, minha casa está o caos. Eu acho que é porque estou ficando demais com ele!"). Veja que ironia essa situação: duas mães passando pelo mesmo desafio da maternidade e culpando-se por diferentes motivos que envolvem o equilíbrio entre estar demais com o filho ou trabalhar demais. Desse dia em diante, decidi sempre fazer "o meu melhor" e lidar com a culpa de alguma maneira, onde eu não seja tão radical comigo mesma. Todas as mães conseguem desfraldar seus filhos em algum momento (exceto por problemas biológicos, nunca vi adolescentes usando fraldas)! Não se culpe. Apenas vá.

*Nome fictício para preservar a privacidade da pessoa

5.3. A licença-maternidade e suas implicações – Brasil e outros países

A licença-maternidade permite às mulheres se recuperarem do parto e cuidar do recém-nascido nos primeiros meses de vida. No Brasil, ela dura 120 dias, podendo ser estendida para 180 dias em empresas que aderem ao "Programa Empresa Cidadã". No entanto, muitas vezes esse período não é suficiente para que as mães voltem ao trabalho sem preocupações.

Além disso, a licença-maternidade pode ter um impacto significativo na carreira das mulheres. Algumas enfrentam discriminação ao retornar ao trabalho, com oportunidades de promoção e desenvolvimento limitadas. Uma pesquisa da Fundação Getúlio Vargas mostrou que

48% das mulheres são demitidas até dois anos após o retorno da licença maternidade (REDAÇÃO MARIE CLAIRE, 2017).

O cenário brasileiro é bastante diferente dos modelos de licença-maternidade de outros países. Na Suécia, por exemplo, a licença parental é de 480 dias, podendo ser compartilhados entre os pais, promovendo uma divisão mais equilibrada das responsabilidades familiares. Na Alemanha, a licença é de 14 semanas, mas as mães têm direito a um período adicional de licença parental que pode durar até três anos, e durante esse período seu emprego é protegido. Esses modelos mais amplos e flexíveis demonstram um compromisso maior com a igualdade de gênero e o apoio à maternidade, oferecendo suporte contínuo para que as mães possam retornar ao trabalho sem prejudicar suas carreiras.

Nos Estados Unidos, por outro lado, a situação é mais complicada. Não há uma licença-maternidade obrigatória em nível federal, e as políticas variam amplamente entre estados e empresas. Muitas mulheres têm direito apenas a 12 semanas de licença não remunerada sob a *Family and Medical Leave Act* (FMLA), o que impõe uma pressão financeira significativa sobre as novas mães e frequentemente resulta em um retorno precoce ao trabalho.

No Brasil, apesar dos avanços trazidos pelo Programa Empresa Cidadã, ainda há muito a ser feito para garantir que as mulheres não sejam prejudicadas profissionalmente por exercerem seu direito à maternidade. Estudos mostram que a discriminação começa já na fase de recrutamento, no qual mulheres em idade fértil ou com filhos pequenos são frequentemente preteridas em favor de candidatos masculinos ou de mulheres sem filhos. Afinal, qual mulher, em algum momento, nunca foi perguntada em uma entrevista de emprego se "tem a intenção de ter 'mais' filhos"? Ou "quem fica com as crianças?"? Além disso, a cultura corporativa muitas vezes não é acolhedora para mães trabalhadoras, que enfrentam desafios como a falta de flexibilidade de horário, a ausência de creches no local de trabalho e a falta de apoio à amamentação.

Para mudar esse cenário, é fundamental implementar políticas mais inclusivas e sensíveis às necessidades das mães. Isso inclui não apenas a extensão da licença-maternidade, mas também a promoção de uma cultura de trabalho que valorize a igualdade de gênero. Empresas podem adotar medidas como horários flexíveis, trabalho remoto e programas de retorno gradual ao trabalho, que ajudam a mitigar os impactos da licença-maternidade na carreira das mulheres. Criar ambientes de trabalho mais inclusivos e oferecer suporte contínuo às mães são passos essenciais para que as mulheres possam prosperar na área de tecnologia e em outros setores.

Comparando com outros países, fica claro que políticas robustas de licença parental e um ambiente de trabalho favorável são fundamentais para promover a igualdade de gênero. Adotar e adaptar essas práticas no Brasil pode promover uma cultura corporativa mais justa e equilibrada.

Portanto, a licença-maternidade, embora crucial, é apenas o início. A verdadeira igualdade de gênero no local de trabalho exige considerar todas as fases da carreira feminina e comprometimento com a criação de um ambiente onde todas as pessoas, independentemente de seu gênero, possam alcançar seu pleno potencial.

"Causos" da Cláudia: O dia mais triste da minha vida e o "quero desistir"
Posso dizer, sem sombra de dúvidas, que um dos dias mais tristes da minha vida foi quando deixei meu filho, bebê de 4 meses e meio, em casa com uma babá e voltei a trabalhar após a minha licença-maternidade. Apesar de sempre ter sido determinada e apaixonada pelo que faço, esse foi o momento em que considerei seriamente desistir. Lembro-me claramente de estar sentada na minha mesa e chorar porque eu simplesmente não queria e não deveria estar ali. Eu deveria estar introduzindo a alimentação sólida para meu filho, eu deveria estar vendo os primeiros dentes nascerem. Nenhum projeto deveria ser mais importante que esse...   A maternidade nos transforma, trazendo amor e muitos, muitos, desafios. Quando meu segundo filho nasceu, eu estava no auge da minha carreira em tecnologia. Ao voltar ao trabalho, enfrentei

uma realidade difícil: equilibrar as demandas de casa e do trabalho parecia impossível. Eu simplesmente não via como "dar conta" de ambos sem deixar passar coisas importantes. E no final é isso mesmo. Cada escolha é uma renúncia, você sempre perde de algum lado.

Cheguei a pensar: "Vale a pena continuar? Talvez seja melhor desistir." Mas foi nesse momento de vulnerabilidade que encontrei minha força. Um dia, percebendo minha condição, meu líder na época me levou para assistir a uma palestra de uma grande executiva de tecnologia que falava sobre a maternidade. Ela contou muitas histórias dos desafios que viveu até ali e sobre a importância de não desistir e de buscar o equilíbrio entre vida profissional e pessoal – se é isso que realmente faz você feliz. A partir desse modelo de desafio e superação, eu compreendi que não seria realmente feliz se deixasse minha carreira para cuidar das crianças em casa. Desse dia em diante, eu aceitei que seria para sempre as duas coisas: mãe e profissional. E que deveria aprender a conciliá-las, mesmo com escolhas, mesmo com renúncias.

A maternidade, longe de ser um obstáculo, pode ser nossa maior fonte de motivação. Meus filhos sempre foram minha razão para seguir em frente, para ser um exemplo de resiliência e superação. No final, o orgulho deles é o que nos alegra e motiva a continuar e sermos melhores a cada dia. Ser mãe é ter um motor sempre "ligado" e voltado para nosso crescimento pessoal e profissional. O nome dessa força motriz: FILHOS.

Foi um período de muitos ajustes e renúncias, mas também de grandes aprendizados. Contei com uma rede de apoio incrível, entre família e amigos, que me ajudaram a equilibrar as demandas de casa e do trabalho. Redefini minhas prioridades e aprendi a delegar e a confiar mais na minha equipe.

Hoje, olho para trás com orgulho. Aquele momento de quase desistência foi, na verdade, um ponto de virada. Ele me ensinou que podemos ser mães dedicadas e profissionais competentes simultaneamente. Que a força que precisamos está dentro de nós e que nossos filhos são nossa maior fonte de inspiração e energia.

Minha mensagem é: nunca subestime sua capacidade de superar os desafios. Acredite no seu potencial, busque apoio quando necessário e lembre-se de que, mesmo nos momentos mais difíceis, você está construindo um legado de força e determinação para as próximas gerações.

5.4. A cultura de longas horas de trabalho, viagens e projetos

A cultura de longas horas de trabalho, viagens constantes e projetos intensos é uma característica marcante da área de tecnologia. Essa cultura muitas vezes passa por uma "glamourização" chamada "síndrome do herói", onde profissionais são vistos como indispensáveis e celebrados por sacrifícios pessoais em prol da empresa. Isso pode ter implicações significativas e desafiadoras para as mulheres, especialmente para aquelas que são mães.

Um dos principais desafios passa a ser a pressão para manter um desempenho elevado em um setor que frequentemente exige disponibilidade fora do horário comercial. Um estudo da Gartner (SIENKOWSKI; LOGAN, 2021) destaca que a síndrome do herói cria um ambiente onde o excesso de trabalho é visto como um sinal de dedicação e competência, colocando aqueles que buscam equilíbrio entre vida pessoal e profissional em uma posição desvantajosa. Para as mulheres que são mães, isso pode ser particularmente prejudicial. A necessidade de estar presente em casa, especialmente nos primeiros anos de vida dos filhos, entra em conflito direto com a expectativa de estar disponível para longas horas e viagens a trabalho.

Além disso, a cultura de projetos intensos, onde os prazos são muitas vezes apertados e a carga de trabalho é pesada, pode dificultar ainda mais o retorno das mulheres ao mercado de trabalho após a licença-maternidade. Muitas mulheres sentem que precisam provar seu valor novamente após esse período, e a pressão adicional para equilibrar responsabilidades profissionais e familiares pode levar a altos níveis de estresse e esgotamento.

Nos últimos anos, especialmente com a chegada da pandemia de COVID-19, houve uma mudança significativa no comportamento em relação ao trabalho. O *home office* se tornou uma necessidade, demonstrando que muitas atividades podem ser realizadas remotamente sem perda de produtividade. De acordo com uma pesquisa da Buffer (2023), 98% dos trabalhadores remotos gostariam de continuar trabalhando dessa forma pelo menos parte do tempo pelo resto de suas carreiras. Para as mulheres, essa flexibilidade pode ser ainda mais relevante. De acordo com uma pesquisa da FlexJobs (PELTA, s.d.), 68% das mulheres preferem trabalhar totalmente de forma remota após a pandemia, em comparação com 57% dos homens. Além disso, 80% das mulheres consideram as opções de trabalho remoto como um dos principais benefícios em uma oferta de emprego, contra 69% dos homens. Outro recorte para esse cenário é avaliar as escolhas das novas gerações de trabalhadores, incluindo a Geração Z e os *millenials*. Eles também valorizam mais o equilíbrio entre vida pessoal e profissional e são menos propensos a aceitar a cultura do excesso de trabalho. Eles preferem ambientes que oferecem flexibilidade e bem-estar, o que pressiona as empresas a revisarem suas práticas tradicionais.

Adotar políticas de trabalho remoto, horários flexíveis e programas de apoio à parentalidade pode criar um ambiente de trabalho mais saudável e inclusivo e ajudar a reter talentos. As mudanças trazidas pela pandemia mostram que é possível conciliar alta performance com um modelo de trabalho mais equilibrado, beneficiando tanto empresas quanto seus funcionários.

"Causos" da Cláudia: Eu não quero presentes, eu quero você
Teve uma época em que eu viajava constantemente a trabalho. Meu primeiro filho, quando ainda não estava em idade escolar, era levado nas viagens comigo, junto com a babá. Essa "tal" rede de apoio, babás, pais, familiares, é realmente muito importante para que uma carreira na área de tecnologia seja construída. O segundo filho não precisei levar comigo, porque eu tinha essa rede de ajuda. A cada viagem sozinha, um sentimento de culpa. A cada dia que chegava "tarde" em casa, outro sentimento. E entre culpas, algumas frases e momentos ficam marcados em nós. Um deles foi um dia quando voltei de viagem com um presente para meu filho. Ao entregar para ele a caixa colorida, o menino olhou para mim e disse: "tem como me dar de presente você parar de viajar? Não quero mais presentes em caixas, já tenho muitas no meu quarto!". Tenho certeza que somente uma mãe que está lendo esse relato pode compreender o que senti nesse momento. Na semana seguinte, pedi para diminuir minhas

viagens e resolvi dar a ele o presente que realmente tinha "valor". Se minha carreira foi impactada por isso? Talvez! Mas você se lembra de quando falamos que cada escolha é uma renúncia? Nesse caso optei por dar presentes que realmente valem a pena.

5.5. Estratégias para equilibrar maternidade e carreira

Apesar dos desafios, muitas mulheres têm conseguido conciliar a maternidade com a carreira de TI. A chave para o sucesso está em encontrar o equilíbrio entre as duas esferas. Algumas empresas têm adotado políticas de apoio à maternidade, como licença maternidade estendida, horários flexíveis, trabalho remoto e creches no local de trabalho. Essas iniciativas têm se mostrado eficazes na retenção de talentos femininos e na promoção da equidade de gênero na área. Para ajudar as mães na TI a equilibrar suas responsabilidades, algumas estratégias eficazes incluem:

» Oferecer horários flexíveis e opções de trabalho remoto pode ajudar significativamente. A pandemia de COVID-19 demonstrou que muitas funções na TI podem ser realizadas de forma eficaz fora do escritório, permitindo às mães gerenciarem melhor suas responsabilidades familiares e profissionais.

» Disponibilizar creches ou auxílio-creche pode aliviar significativamente o estresse das mães. Ter um local seguro e confiável para os filhos enquanto trabalham permite que elas se concentrem melhor em suas tarefas.

» Como já mencionado anteriormente, trabalhar em organizações onde haja implementação de políticas de igualdade de gênero pode auxiliar no equilíbrio da maternidade. Garantir a equidade de salários e estabelecer programas de mentoria que incentivem a inclusão de mulheres cria um ambiente de trabalho mais justo e igualitário para as mães em tecnologia.

» Fomentar uma cultura organizacional que valorize a diversidade e a inclusão é fundamental. Isso inclui promover um ambiente de respeito e apoio às mães e às futuras mães.

"Causos" da Cláudia: Pequenas ações, grandes resultados
Em uma de minhas palestras, compartilharam um caso que gosto de dar de exemplo de como pequenas ações, a princípio simples, podem fazer a diferença para que as mães na área de tecnologia se sintam apoiadas e incluídas. Em uma grande empresa da indústria financeira, os integrantes de um determinado departamento se reuniam em um happy hour pelo menos uma vez por mês. Maria* era integrante do time, mas, como tinha uma filha de 4 anos, nunca podia se juntar ao grupo. Foi então que o líder do grupo começou a contratar, para todo happy hour, piscinas de bolinhas e monitores para que houvesse um lugar para as crianças brincarem durante a socialização. Desde então, Maria pôde comparecer a todo evento e se sente muito mais integrada ao grupo. *Nome fictício para preservar a privacidade da pessoa

5.6. Histórias inspiradoras (e desafiadoras) de mães da área de tecnologia

Para ilustrar os desafios e as conquistas das mães na TI, vou compartilhar algumas histórias inspiradoras de mulheres que conseguiram equilibrar a maternidade e suas carreiras com sucesso.

Carla Batistella, Gerente de Segurança da Informação

Minha primeira filha com 2 anos só me via no fim de semana: eu saía cedo com ela dormindo e voltava com ela dormindo, às 22:00. Certo dia ela me chamou de tia quando me viu sábado de manhã. Doeu, mas eu segui...

Trabalhava no PMO de uma empresa, atendendo a projetos que precisavam que eu passasse a madrugada acompanhando.

Grávida da segunda, eu vivia no subsolo de um grande banco, projeto de implantação de telefonia IP. O povo falava que ela ia nascer com o PMBOK decorado. □□

Já na gravidez do Pedro, passei por algumas internações com ele por conta da asma. Eu vivia no restaurante do hospital em reunião, enquanto as enfermeiras cuidavam dele no quarto e o pai ficava com as meninas em casa. Além disso, eu tirava leite no estacionamento ou no banheiro da empresa, porque não havia espaço adequado para isso (a empresa em sua maioria não tem essa preocupação conosco, mães recentes...).

Não sei se eu não faria igual hoje, porque só sou o que sou devido a tudo que passei.

Tatiane Oliveira, COO de empresa de ecossistema de inovação

Fui a primeira pessoa na minha família a entrar na carreira de TI e a primeira mulher também. Uma mudança radical em relação às crenças e aos costumes trazidos pelas mulheres das gerações anteriores. Minha avó materna se dedicou exclusivamente à maternidade, criando 12 filhos, e minha mãe renunciou à vida profissional quando eu completei 1 ano.

Cursei Processamento de Dados e me graduei em Ciência da Computação, onde conheci meu marido e me casei aos 24 anos. A decisão de ter meu primeiro filho veio aos 27 anos, planejando conciliar maternidade e carreira após completar minha primeira pós-graduação. Foi então que chegou o Felipe, meu primogênito.

Descobri um amor maior e, ao mesmo tempo, vulnerabilidades até então desconhecidas. Com ele, aprendi o valor de uma rede de apoio e a necessidade de ter planos A, B e C para minhas ausências. Minha jornada de trabalho era intensa, com viagens, novos clientes e promoções, e eu estava em um momento de ascensão na minha carreira. Muitos desafios, aprendizados, responsabilidades e oportunidades surgiram. Ter o segundo filho naquele momento não era uma opção.

Quando Felipe tinha 3 anos, precisei viajar a trabalho para Londres para montar o escritório da empresa. Passei 1 mês distante, um período marcado por muito choro no hotel e um peito apertado, mas com a certeza de que aquela renúncia temporária era importante para nós. Lembro de três momentos marcantes dessa fase: deixei um pijama usado para meu marido colocar para Felipe cheirar nos primeiros dias para conseguir dormir; após a segunda semana de viagem, Felipe começou a se recusar a falar comigo por vídeo e eu me sentia triste achando que ele iria me esquecer; e, por fim, ao chegar no aeroporto, ele correu para os meus braços, cheirou meu pescoço e, com um suspiro longo, disse: "Papai, é a mamãe".

Fui às lágrimas, pois só eu sabia o que senti naquele período. Ao perceber que ele ainda se lembrava do meu cheiro, tive um sentimento inexplicável de que tudo havia dado certo e que estávamos crescendo juntos.

Após essa experiência, decidimos dar um irmãozinho para o Felipe. Foi então que percebi que nem tudo estava sob meu controle. Tive minha primeira perda. Aos 3 meses de gestação, em um ultrassom de rotina, me deparei com a ausência de batimentos cardíacos do meu segundo filho. Foi um sentimento de culpa e impotência que nunca havia experimentado. Diante dessa dor, precisei decidir entre realizar uma curetagem ou aguardar que meu organismo expelisse o bebê naturalmente. Optei pela segunda opção e continuei trabalhando normalmente, sem faltar um dia, cumprindo todas as agendas, viagens e reuniões, carregando comigo um bebezinho que eu sabia que não tinha mais vida, sem que ninguém ao meu redor soubesse o que estava acontecendo. E assim vivi mais 5 tentativas no mesmo formato ao longo de 7 anos, cada uma trazendo a angústia da espera de um ultrassom que deveria ser de imensa felicidade, mas sempre mantendo a confiança em Deus de que conseguiria formar minha família e conciliar meu sonho de carreira.

Após inúmeros exames sem diagnóstico claro das causas das perdas, na minha sétima gestação fui orientada a fazer um tratamento com anticoagulante, que envolvia tomar uma injeção diária na barriga e suspender antes do parto, que deveria ser cesárea para evitar riscos de hemorragia. Segui o protocolo sugerido e, felizmente, consegui chegar ao último mês de gestação. Apenas no sexto mês contei ao meu diretor que estava grávida, pois só então deixei de depender das idas ao hospital para ouvir o coraçãozinho do bebê e comecei a sentir seus movimentos, garantindo diariamente que ele estava vivo.

Em 2016, com 7 anos de diferença do Felipe, nasceu Rafael, completando nossa família. Com sua chegada, nada mudou: mamãe seguiu firme nas duas missões que tanto sonhei. Ainda em licença-maternidade, recebi um convite para uma promoção e um novo desafio que exigia renunciar às férias após a licença e voltar ao trabalho antes do previsto. Rafa e eu nos adaptamos, acelerando a introdução da mamadeira e, com 3 meses e meio, ele iniciou a adaptação na escolinha para que eu pudesse voltar ao trabalho. Hoje, olhando para Felipe com 15 anos e Rafael com 8, vejo que tudo o que passei valeu muito a pena. Faria tudo novamente, não mudaria absolutamente nada, pois essas experiências fizeram de mim a mulher que sou hoje. Atualmente, como COO de uma empresa de ecossistema de inovação, tenho muito orgulho da minha trajetória e de toda a minha história. Minha família e meus filhos olham para mim com admiração, não apenas pela profissional realizada que me tornei, mas pela mãe dedicada e amorosa que sempre fui. Juntos, provamos que é possível sonhar grande, superar obstáculos e alcançar o até então impossível.

Cláudia Ferraz, Executiva de TI

Em 2002, já gerente de sistemas para a América Latina de uma grande multinacional, eu e meu marido decidimos engravidar. Nossa bênção foi a chegada do Paulo, que veio completar nossa família, dar senso de continuidade à vida e aumentar a vontade de lutar por um futuro cada vez melhor. Isso me ajudou a ser mais paciente e focada para cada vez ir mais longe e conseguir dar uma vida melhor para a minha família.

Nesta fase, tive que aprender mais ainda a conciliar vida pessoal e trabalho – e, como toda boa mulher, quem perdeu fui eu. Primeiro a família, segundo o trabalho, terceiro os amigos e eu mesma ficava no fim da fila. Hoje, tenho isso mais bem organizado para mim, mas gastei muito tempo sofrendo e aprendendo.

Meu chefe me chamava durante a licença para ajudar no desenho de novos projetos, conversar com o Corporate Global sobre implementar ERP de fora no Brasil sem customizações, lia e-mail todos os dias. Ou seja, trabalhei remoto a licença toda...

Voltei de licença-maternidade com 5 meses (4 de licença + 1 de férias), e coloquei o Paulo numa creche perto do trabalho, assim eu ia dar de mamar na hora do almoço e não tirava a amamentação dele tão cedo... ficou mamando até os 11 meses.

Assim que voltei, meu chefe foi transferido de negócio e teve uma promoção. Quem ficou no lugar dele tinha uma visão diferente. Um mês depois do meu retorno, me avisaram que minha vaga ia ser cancelada, pois se eu tinha ficado cinco meses em casa, dava para ficar sem mim de vez. Além disso, meu salário era maior, eu tinha meu par de infraestrutura que ganhava menos e, claro, tinha que cuidar do meu filho. Disseram que era melhor que eu ficasse em casa em vez de trabalhar. Homem é arrimo de família, mulher trabalha por hobby... foi essa a explicação que eu recebi...

Iam me dar alguns meses para me recolocar. Mas descobriram que meu projeto não havia andado quase nada desde que eu tinha saído de licença e pediram para eu ficar até a implantação. Concordei, finalizei meu trabalho e em seguida rapidamente me recoloquei em outro negócio da empresa.

Deolinda Carvalho, executiva de TI

Sempre achei que pararia de trabalhar fora quando eu engravidasse, mas a vida não quis assim e certamente foi o melhor, e sempre comentamos que temos umas histórias para contar... quando meu filho tinha apenas seis meses, precisei viajar a trabalho para os EUA devido a um projeto. O que era uma semana acabou se tornando duas. Eu aproveitei para comprar roupas para ele, tamanhos 01 a 10 anos, e ainda pedi uma mala emprestada de uma colega para trazer tanta roupa. No dia de vir embora tive uma crise de ansiedade por medo de meu filho não me reconhecer. Chegando no aeroporto, no Brasil, um funcionário da Receita Federal foi me ajudar a sair. Ele me perguntou se estava tudo bem e eu respondi que não, porque meu filho estava lá fora e não iria me reconhecer. Ao sair, meu filho se jogou nos meus braços e deitou a cabeça no ombro. Ficamos assim por cerca de 15 minutos.

Já com 2 anos, eu chegava tarde todos os dias, trabalhando de segunda a segunda. Um dia, meu marido o havia buscado na escolinha e os dois estavam dormindo. Meu filho disse que queria fazer xixi e eu respondi que fizesse na fralda. Ele levantou o cobertor e disse: "não tô com fralda não, ó!". Levei-o ao banheiro e a partir daquele dia ele nunca mais usou fraldas. Esse fato me fez ter muito orgulho dele e me deu forças para continuar a jornada, porque entendi que ele já estava aprendendo sobre independência.

Muitos anos se passaram e, hoje, quando trabalho remoto, ele faz questão de me beijar quando chega da escola, mesmo que eu esteja em reunião, com a câmera aberta. De vez em quando, gosta de ouvir algumas conversas e depois comentar algo ou perguntar sobre o assunto. Percebo que estamos crescendo e aprendendo juntos e que a existência dele faz de mim uma pessoa melhor, mesmo nos momentos mais difíceis da maternidade ou da vida profissional.

Patrícia Pascolati, executiva de TI

Eu sou uma pessoa que valoriza a liberdade e o equilíbrio. E esses valores continuaram quando a família aumentou para três em 2015.

Seguíamos em aprendizados, tempos de brincadeira e participação nas etapas de crescimento do filho.

Até que vivemos o período da pandemia. Foi uma época complicada para todos, difícil em alguns momentos e em outros inimaginável – e não era exclusividade minha. No entanto, também foi uma época que reforçou o que queria deixar de legado e aprendizado para o meu filho sobre minha imagem e carreira.

Naquela época eles estavam iniciando a alfabetização e eu estava me movimentando de área. Exercia duas funções ao mesmo tempo, a nova como business partner para TI e a antiga como Subject Matter Expert SAP (período de hand over).

E o que isso representava? Eu ficava em reuniões das 7:30 da manhã até 19:00, a criança ficava ao meu lado em aulas on-line das 7:30 às 12:00. Após as reuniões eu passava pelo menos mais uma hora e meia preparando as refeições do dia seguinte para apenas esquentarmos no horário do almoço e do jantar. Acordava às 05:00 e tentava praticar algo para aquietar a mente, já deixava preparado o café e revisava os exercícios do meu filho. Que sentimentos eu tinha? Muitas vezes ignorava e sufocava o que começava a sentir, para seguir em frente. Nem pensar em equilíbrio. A raiva visitava todos em casa. Perdi a conta de quantas vezes meu filho, querendo expressar o cansaço que toda criança de 7 anos tinha nas aulas on-line, interrompia a professora com ataques de grito e choradeira. Eu parava a reunião que estava ocorrendo ao lado dele e o abraçava para contê-lo. A raiva que a criança sentia era tão grande que ele via a necessidade de destruir. E lá ia eu segurá-lo em um abraço de "urso" e falando: "você pode sentir raiva, pode gritar comigo, pode até me xingar, mas destruir coisas e a você, não". E não pense que eu falava tranquila. Eu também tinha meus ataques de nervosismo e ansiedade; as duas linhas on-line (escola e trabalho) estavam do outro lado ouvindo a minha "briga". Minha mente julgando o tempo todo a "péssima mãe" que estava sendo. Às vezes eu ficava mentalmente presa nos tipos de traumas psicológicos que eu estava gerando naquela criança. Era o que tinha no momento. E eu tentava melhorar combinando horários que seriam só nossos para brincar. No geral, eram nos finais de semana. Eu criava labirintos entre móveis para caça ao tesouro e descobertas arqueológicas com tecnologia para auxiliar nesse tempo. E aí nessa hora éramos completamente diferentes, aproveitávamos o momento e nos divertíamos apesar de tudo. E durante a semana voltávamos à loucura. Percebi que não estava seguindo os valores quando meu filho falou: "você trabalha repetindo como se deve fazer para as pessoas que não querem aprender". Minha reação foi ficar muda pensando que os exemplos por palavras, ações e talvez até algum desabafo por cansaço deixou aquela impressão do que era meu trabalho, minha carreira, para ele. Eu tinha que voltar ao equilíbrio.

Comecei a usar o telefone com jogos para mostrar como ensinávamos aos avós mesmo à distância – a usar o celular e brincar juntos; a usar painel 3D para criar brincadeiras por aquele software. Nisso fui explicando que trabalhava com projetos e as reuniões eram explicações – com algumas dificuldades parecidas com as que ele vivenciou para brincar de celular com os avós.

Comecei a ter melhor entendimento da parte dele, e os períodos de abraçar para não destruir diminuíram.

Eu já conhecia escolas que acompanhavam a vida escolar da criança e complementavam com ensino tecnológico (programação e pensamento lógico e crítico) desde pequeno. Então apresentei para ele uma escola assim, fizemos a primeira aula on-line e continuamos nessa descoberta e aprendizado até voltarmos às aulas presenciais.

Tudo foi resolvido? Talvez sim, talvez não. O que consigo dizer é que fizemos nosso melhor em nos ouvir, em estarmos presentes um para o outro. Eu aprendi a superar medos dos impactos mal interpretados que poderiam causar na criança. Preferi ir para o caminho do construir.

Hoje ele adora as aulas de programação. Como já está alfabetizado, iniciou na codificação escrita em conjunto com a low code, que já fazia de forma lúdica. Tem um canal gamer, cria o próprio conteúdo e edita.

Aqui vem a minha satisfação de comprovar que podemos transformar com tecnologia, porque foi a forma que apresentei isso a ele que permitiu o entendimento. E não só a tecnologia computacional, como também o que chamamos de tecnologia em outras áreas (que vimos nas brincadeiras de experiências que fazíamos na pandemia).

Hoje ele me dá apoio quando falo de onde quero estar em minha carreira tecnológica, conversamos sobre o que ele quer fazer, criamos nossos projetos. E isso foi possível porque olhamos com o aprendizado que vivemos.

Luiza[1], Executiva de Tecnologia

Eu cuidava da área de operações de uma grande empresa, com toda infra e sistemas em casa. Minha filha acordava à noite até os 3 anos e eu tinha um time de plantonistas... quantas noites que o telefone tocava à noite, aí eu achava que ia dormir, a filha acordava, achava que

1 Nome alterado para manter a privacidade da pessoa.

ia dormir, o marido roncava e por muitas noites este ciclo se repetia... no dia seguinte eu estava péssima, nervosa, irritada demais... e ainda tinha quem julgasse e reparasse que eu não havia colocado batom para ir trabalhar. Sobrevivi e não me arrependo!

Zilda Hessel, MCIO Brasil, executiva

Comecei a trabalhar aos 14 como programadora trainee (fiz colégio técnico em processamento de dados), fiquei grávida aos 17, casei e tive o Felipe aos 18. Eu me separei quando ele tinha 6 meses e me casei com o Marcelo aos 21 (meu marido até hoje). Em seguida veio o Gabriel (1994) e depois a Luiza em 1996... nesse percurso fiz faculdade, pós e fui crescendo na carreira. Comecei como programadora e desde 2010 atuo como CIO/CTO... não lembro da Luiza entre 1 e 3 anos... estava trabalhando e estudando, fui muito ausente em reuniões da escola, mas me dedicava ao máximo no tempo que podia.

Só consegui porque tinha uma comunidade incrível de suporte: minha mãe, minha sogra, meu sogro, meu marido e funcionárias que sempre ajudaram muito.

Hoje somos 10... meus filhos com 33, 29 e 27 anos, 2 noras lindas, 1 genro e 2 netos de 9 e 4 anos...

Priscila Rodrigues, Executiva de Vendas

Minha história com a maternidade não foi um conto de fadas, assim como não foi para diversas mães que conheço. A minha envolveu muita superação e garra. Inclusive, acredito que a melhor palavra para definir a conciliação do trabalho dentro de uma maternidade atípica é realmente superação.

Sou a Priscila, mãe do Valentim, uma criança de 4 anos, autista, nível 2 de suporte.

A minha dificuldade já começou na licença-maternidade,: eu trabalhava PJ e não tinha direito à licença. O meu líder direto, por conta das minhas entregas, resolveu me dar o direito à licença-maternidade. Na época, eu era head de uma startup, responsável pela área comercial, RH e administrativa. Mesmo com nove meses para organizar minha saída, a empresa não conseguiu assumir todas as funções. Foi realizando isso durante a minha licença (sim, eu tive que trabalhar), porque, na visão dos sócios da empresa, não existia licença maternidade, então se eles resolveram me pagar, eu precisava dar conta. Começou nesse momento de licença um pensamento de que eu precisava trabalhar a qualquer custo, e foram me solicitando muitas demandas, até que eu não quis mais passar por essa situação e resolvi pedir demissão (ainda em licença). Uma semana depois começou a pandemia...!

É no meio das tempestades que boas oportunidades de recomeçar aparecem. Recomeçando minha jornada, encontrei boas empresas, bons líderes, clientes fiéis que me fizeram ter sucesso como executiva de vendas e permitiram uma ascensão. Com dois anos de sucesso em uma nova jornada, descobri que meu filho era autista. Eu estava em um momento maravilhoso de crescimento, que precisou ser pausado, para eu me dedicar e correr atrás dos tratamentos do meu filho. Tive sorte: meu líder direto me deu suporte, tempo e acreditou no meu potencial, o que foi essencial para eu conseguir me organizar psicologicamente e buscar os tratamentos necessários. Hoje me sinto uma mãe mais forte e completa por não ter parado minha carreira e ter continuado a evoluir tanto profissionalmente quanto como mãe.

Como superar tudo isso? Pedindo ajuda!

Não somos "mulheres maravilhas" e precisamos nos livrar desse rótulo que a sociedade colocou em nós mulheres e principalmente mães. Para enxergarmos isso, precisamos de ajuda, terapia, mentoria, psicóloga, amigos, família, todos que estão perto, mas olhando de fora. Precisamos trazê-los para dentro!

Tenho sim dias difíceis, mas também bons dias! O importante é se conhecer, saber quando é o momento de respirar fundo, pausar, chorar e pedir ajuda. Os dias bons simplesmente vão fluindo naturalmente como consequência. E se eu puder deixar mais uma dica é: NUNCA pare de estudar. O estudo é libertador e abre a nossa mente, não nos deixa cair no desespero. Isso vale como profissional, mas também como mãe.

5.7. Busque apoio e redes de contato

Para que as mulheres possam aproveitar plenamente as oportunidades na TI e viver a maternidade, é essencial contar com redes de apoio e mentoria. Aqui estão algumas estratégias para construir e fortalecer essas redes:

» **Participação em grupos e comunidades:** participar de grupos e comunidades de mulheres na TI ou mães da TI pode proporcionar um ambiente de apoio e *networking* muito importante no segmento. Esses grupos oferecem oportunidades para aprender com outras mulheres, compartilhar experiências e encontrar mentores.

» **Procurar mentores e patrocinadores:** encontrar mentores que possam oferecer orientação e suporte é crucial para o desenvolvimento de carreira. Esses relacionamentos podem orientar em momentos desafiadores, abrir portas e proporcionar oportunidades de crescimento.

» ***Networking* e construção de relacionamentos:** construir uma rede de contatos profissionais é essencial para o crescimento na carreira. Estar conectada a uma rede de profissionais pode aumentar a visibilidade das mulheres em eventos, conferências e publicações. *Meetups* e outros eventos, tais como conferências e *workshops*, podem proporcionar valiosas oportunidades de aprendizado, desenvolvimento e conexões.

5.8. Conclusão: mães e profissionais perfeitas não existem – não é possível ser 100% em tudo

A maternidade na área de TI mistura momentos de tensão e triunfo, exigindo um verdadeiro malabarismo entre a vida profissional e as responsabilidades maternas. Cada passo é dado com cuidado para não deixar cair nenhuma bola. Contudo, essa jornada também está repleta de realizações pessoais e profissionais, mostrando que é possível encontrar harmonia entre esses dois mundos.

"Causos" da Cláudia: É impossível ser 100% em tudo – as bolas de vidro e de borracha
Temos a doce ilusão de que daremos conta de tudo. Mas isso é simplesmente impossível. Sim, não seremos perfeitas, não seremos 100% mães, nem 100% profissionais, nem 100% esposas, estudantes, influenciadoras sociais, militantes. A vida que vemos postadas nas redes sociais e às quais nos comparamos é só um recorte da realidade de alguém. Quando me perguntam como eu dou conta de tudo, minha resposta padrão é: "Eu não dou, tem muito sangue rolando pelos bastidores do que vocês veem no LinkedIn e nas outras redes". E isso é muito real. Enquanto estou aqui escrevendo este livro, meu filho já foi dormir e eu não dei boa noite. Não seremos 100%, definitivamente. Seremos no máximo uns 50% e já está bom. Brincadeiras à parte, nós mulheres precisamos aprender a entender que não vamos dar conta de tudo. Que escolhas deverão ser feitas e tudo bem! Eu tive um líder, um dos melhores (Edson), que dava o exemplo das bolas de vidro e das bolas de borracha. As de vidro você segura com força, são suas prioridades, aquelas que você não pode deixar cair. Acompanhar a educação do seu filho, ir às festas da escola, estar presente nos momentos de vulnerabilidade... essas são de vidro. Valiosas, importantes, quebram, são delicadas, temos que ficar atentos e segurar. Já as de borracha, deixa ali quicando, uma hora a gente pega. Vamos sim ser fluentes no inglês, magras, especialistas em IA, em cloud, em analytics, em estratégia e em finanças. Seremos bem casadas, palestrantes internacionais, divas... um dia, quem sabe? Hoje não, hoje vamos dar conta daquilo que elegemos como prioridade e apenas isso. E talvez nem isso saia direito. E tudo bem, porque estamos nesse mundo para aprender e dar nosso melhor. Bolas de vidro são diferentes das bolas de borracha. Eleja as suas e não olhe para trás...

É essencial criar um futuro em que ser mãe e ser uma profissional de TI bem-sucedida não sejam realizações opostas. Promover um ambiente de trabalho mais inclusivo e acolhedor, onde a maternidade é vista como uma parte valiosa e construtiva da experiência profissional, é fundamental. A jornada para alcançar essa mudança é contínua, mas cada passo dado pode trazer benefícios para toda a sociedade. Reconhecer e valorizar a contribuição das mães na TI, pode vir a ser o primeiro deles.

Capítulo 6

Mulheres no ambiente de trabalho e seus *soft skills*

> *"As pessoas são contratadas pelas suas habilidades técnicas, mas são demitidas pelos seus comportamentos."*
>
> *Peter Drucker, o "pai" da administração moderna*

Em um mundo cada vez mais digital e tecnológico, as habilidades interpessoais, também conhecidas como *soft skills*, têm se tornado cada vez mais importantes para o sucesso profissional, especialmente para as mulheres na área de TI. As *soft skills* são "a cola" que une as equipes, a chave para construir relacionamentos sólidos e o diferencial que impulsiona carreiras. Para as mulheres, desenvolver essas habilidades pode ser uma ferramenta poderosa para navegar em um campo predominantemente masculino, utilizando as habilidades interpessoais como fatores para que suas carreiras sejam exponencializadas. Neste capítulo, veremos como desenvolver e aprimorar essas habilidades.

6.1. O que são *soft skills*

Soft skills, frequentemente chamadas de habilidades interpessoais, são qualidades intangíveis que permitem a uma pessoa interagir eficazmente com os outros. Essas habilidades incluem comunicação, empatia, colaboração, liderança, inteligência emocional e adaptabilidade. Elas complementam as *hard skills*, que são as habilidades técnicas específicas de cada área de atuação. Enquanto as *hard skills* são indispensáveis para a execução das tarefas do dia a dia, as *soft skills* são essenciais para a construção de relacionamentos, liderança de equipes, resolução de conflitos e adaptação às constantes mudanças do ambiente de trabalho.

Em um setor predominantemente masculino, as soft skills podem ser o grande diferencial para as mulheres em TI. Elas permitem que as mulheres se destaquem, construam relacionamentos sólidos com colegas e clientes, liderem equipes de forma eficaz e superem os desafios de um ambiente de trabalho muitas vezes competitivo e exigente. Enquanto as habilidades técnicas são fundamentais para executar tarefas específicas, as *soft skills* são cruciais para o sucesso a longo prazo e a efetividade no ambiente de trabalho. Estas habilidades são particularmente importantes na TI, onde a colaboração e a inovação são essenciais. Um estudo da Universidade de Harvard revelou que 85% do sucesso no trabalho é atribuído às soft skills, enquanto apenas 15% são devido às habilidades técnicas (VERONESE, 2023). Para as mulheres, essas habilidades podem ser especialmente úteis para superar barreiras e se destacar em um ambiente de trabalho desafiador.

A **comunicação** é uma das habilidades mais valorizadas no ambiente de trabalho moderno. Mulheres, em geral, demonstram uma capacidade superior de comunicação, expressando ideias de forma clara e eficaz e ouvindo atentamente e de maneira mais holística. Isso cria um ambiente de trabalho mais coeso e produtivo. De acordo com um estudo da *Harvard Business Review*, as mulheres são vistas como melhores líderes durante crises (MIRELLE, 2021).

A **empatia** é outra soft skill crucial que as mulheres tendem a possuir em grande medida. Empatia significa a capacidade de entender e compartilhar os sentimentos dos outros, o que é fundamental para a criação de um ambiente de trabalho harmonioso e colaborativo. Líderes empáticos conseguem construir equipes mais fortes e motivadas, aumentando a retenção de talentos, a capacidade de comunicação e a satisfação no trabalho.

A **colaboração** é essencial em um mundo onde o trabalho em equipe é a norma. As mulheres são frequentemente reconhecidas por sua capacidade de colaborar eficazmente, trabalhando bem com outras pessoas para alcançar objetivos comuns. Um relatório do Peterson

Institute for International Economics destaca que empresas com mais mulheres em cargos de liderança apresentam melhor desempenho (ÉPOCA NEGÓCIOS ONLINE, 2016), muitas vezes porque essas líderes promovem uma cultura de colaboração e respeito mútuo.

A liderança feminina também se destaca pela **inteligência emocional**, que é a habilidade de reconhecer, entender e gerenciar as próprias emoções e as emoções dos outros. Essa habilidade é vital para a gestão de equipes, resolução de conflitos e tomada de decisões sob pressão. Um estudo da Korn Ferry Hay Group revelou que as mulheres pontuam mais alto do que os homens em quase todas as dimensões da inteligência emocional (POR QUE, 2023), o que as torna líderes eficazes e inspiradoras.

A **adaptabilidade**, a capacidade de se ajustar a novas condições e enfrentar desafios de maneira flexível, é uma *soft skill* que se tornou indispensável no mundo acelerado de hoje. As mulheres, muitas vezes, demonstram uma resiliência admirável e uma capacidade de adaptação que as coloca em vantagem em ambientes dinâmicos e em constante evolução.

A integração dessas habilidades no ambiente de trabalho cria uma cultura mais inclusiva, inovadora e produtiva, onde todos têm a oportunidade de alcançar seu pleno potencial.

Vamos explorar algumas razões importantes para o desenvolvimento dessas habilidades entre as mulheres no campo da tecnologia.

» **Empoderamento pessoal:** ao aprimorar suas habilidades comportamentais, as mulheres podem **fortalecer sua autoconfiança e autoestima**, o que é fundamental para enfrentar desafios e tomar decisões. Isso contribui para a construção de uma identidade pessoal sólida e empoderada, essencial para navegar e prosperar em um ambiente frequentemente dominado por homens.

» **Avanço profissional:** a capacidade de se comunicar efetivamente, liderar com confiança, gerenciar emoções (inteligência emocional) e demonstrar resiliência pode impulsionar o crescimento e o sucesso na carreira.

» **Melhoria da resolução de conflitos:** mulheres que desenvolvem habilidades comportamentais são mais adeptas na resolução de conflitos. Encontrar soluções harmoniosas é essencial em ambientes de trabalho dinâmicos, como o da tecnologia.

» **Aumento da criatividade e inovação:** *soft skills* como empatia e colaboração incentivam a troca de ideias e a cocriação. Mulheres que cultivam essas habilidades são capazes de criar ambientes onde a criatividade e a inovação florescem. Em um setor que depende da constante inovação, essas competências são inestimáveis.

» **Melhor gestão do tempo e das prioridades:** a adaptabilidade e a resiliência ajudam as mulheres a gerenciar melhor seu tempo e suas prioridades. Em um campo tão exigente quanto a TI, ser capaz de se adaptar rapidamente às mudanças e manter o foco nas tarefas mais importantes é crucial para o sucesso.

» **Promoção do bem-estar no trabalho:** mulheres com habilidades comportamentais desenvolvidas tendem a criar e promover um ambiente de trabalho mais saudável e positivo.

6.2. *Soft skills* essenciais para mulheres em TI na era da inteligência artificial

Estamos vivendo um período marcado por avanços tecnológicos rápidos e significativos que estão transformando a maneira como interagimos com o mundo. A IA (inteligência artificial) refere-se à capacidade dos sistemas de computação de realizar tarefas que normalmente requerem inteligência humana, como aprendizado, raciocínio, percepção e tomada de decisão. Especificamente, a IA generativa é capaz de gerar conteúdo a partir de dados prévios. Esses sistemas são alimentados por algoritmos complexos, aprendizado de máquina (*machine learning*) e redes neurais profundas (*deep learning*), que permitem que as máquinas processem grandes volumes de dados, identifiquem padrões e façam previsões com alta precisão. Sendo assim, quais são as principais habilidades propulsionadoras da inteligência humana? Algumas já vêm sendo apontadas como diferenciais para o profissional dessa e da próxima década. São elas:

» **Interpretação e comunicação de resultados:** as *soft skills*, como a comunicação eficaz, são cruciais para interpretar e comunicar os resultados dos modelos de IA a diversas partes interessadas, incluindo aqueles que não possuem conhecimento técnico. Explicar *insights* complexos de maneira clara e acessível é vital para a tomada de decisões informadas.

» **Trabalho em equipe e colaboração:** o desenvolvimento e a implementação de soluções de IA frequentemente requerem a colaboração de equipes multidisciplinares. Habilidades de colaboração e de trabalho em equipe são essenciais para garantir que todos os membros da equipe trabalhem juntos de maneira harmoniosa e eficaz.

- **Adaptabilidade e resiliência:** a tecnologia de IA está em constante evolução e os profissionais precisam ser adaptáveis para acompanhar as mudanças e inovações. A resiliência é necessária para enfrentar os obstáculos que surgem ao trabalhar com tecnologias emergentes, que estão em constante transformação.

- **Pensamento crítico e resolução de problemas:** o pensamento crítico permite que os profissionais de IA avaliem a eficácia dos modelos, identifiquem problemas potenciais e desenvolvam soluções inovadoras. Essas habilidades são fundamentais para a melhoria contínua dos sistemas de IA.

- **Empatia e considerações éticas:** a IA levanta várias questões éticas e sociais, como a privacidade dos dados, a equidade e o viés algorítmico. A empatia e a consideração ética são essenciais para desenvolver tecnologias de IA que sejam justas e responsáveis, garantindo que beneficiem a sociedade como um todo.

- **Liderança e gestão de projetos:** projetos de IA muitas vezes envolvem grandes equipes e recursos significativos. Habilidades de liderança e gestão de projetos são necessárias para coordenar esforços, manter o projeto no caminho certo e alcançar os objetivos dentro do prazo e orçamento.

A IA está transformando o mundo da maneira mais profunda possível. Nós, mulheres, precisamos estar preparadas para nos adaptarmos a essa nova era e aproveitarmos o máximo potencial do que está por vir. Enquanto as habilidades técnicas são fundamentais para desenvolver e implementar tecnologias de IA, as *soft skills* desempenham um papel igualmente importante ao garantir que essas tecnologias sejam eficazes, éticas e beneficiem a sociedade de maneira ampla.

6.3. Como desenvolver e aprimorar suas *soft skills*

Desenvolver suas *soft skills* pode parecer desafiador, mas impactará positivamente sua carreira. É um investimento em você mesma. A seguir, listamos algumas dicas para aprimoramento e desenvolvimento de *soft skills*.

Buscar *feedback* é um dos primeiros passos para aprimorar suas habilidades interpessoais. Ao pedir a opinião de colegas, mentores e líderes, você obtém uma visão externa sobre seus pontos fortes e áreas que precisam de melhoria. Esse *feedback* é valioso para identificar comportamentos e atitudes que podem ser ajustados para melhorar sua comunicação e interação com os outros. Como ferramenta, utilize a análise de SWOT para avaliar sua carreira, seu contexto atual, suas capacidades técnicas e habilidades interpessoais. Vale lembrar que a análise SWOT é uma ferramenta para entender pontos fortes (*Strengths*), fracos (*Weaknesses*), oportunidades (*Opportunities*) e ameaças (*Threats*) de um projeto ou negócio, mas também pode ser aplicada a você.

Investir em treinamento é outra estratégia eficaz. Participar de cursos, *workshops* e programas de desenvolvimento pode fornecer as ferramentas e técnicas necessárias para fortalecer suas habilidades de comunicação, liderança e inteligência emocional. Esses treinamentos oferecem oportunidades práticas para aplicar o que foi aprendido em um ambiente seguro e orientado. Lembrando que atualmente é possível encontrar milhares de treinamentos gratuitos para aprimoramento. A dica aqui é fazer um mapa mental dos principais temas que você precisa conhecer e iniciar uma busca por um plano de treinamento (gratuito ou não) para eles.

Praticar a escuta ativa é fundamental para melhorar a comunicação. Isso envolve prestar atenção no que os outros dizem, fazer perguntas pertinentes e mostrar interesse genuíno nas ideias e perspectivas alheias. A escuta ativa não só melhora a comunicação como fortalece as relações, construindo confiança e respeito mútuo.

Cultivar a empatia é essencial para compreender as necessidades e perspectivas dos outros. Tentar se colocar no lugar do outro ajuda a desenvolver uma compreensão mais profunda e a responder de maneira mais sensível e eficaz. A empatia facilita a construção de relacionamentos mais fortes e harmoniosos, tanto no ambiente de trabalho quanto na vida pessoal.

Aprender a lidar com conflitos de maneira construtiva é outra habilidade crucial. Busque soluções pacíficas e construtivas. O diálogo aberto e a compreensão são fundamentais para resolver desentendimentos e encontrar soluções que atendam às necessidades de todas as partes envolvidas.

Ser flexível e adaptável é vital na era da inteligência artificial, na qual mudanças ocorrem rapidamente. Estar aberta a novas tecnologias e abordar situações inesperadas de maneira positiva e proativa permite que você se ajuste rapidamente e mantenha sua eficácia. A capacidade de adaptação é uma das qualidades mais valorizadas no ambiente de trabalho moderno.

É importante lembrar que o desenvolvimento das *soft skills* é um processo contínuo, para a vida. Cada interação e experiência é uma oportunidade para aprender e crescer incrementalmente. Ao aprimorar suas habilidades interpessoais, você não apenas se torna uma profissional mais eficaz, mas também uma líder mais compassiva e colaborativa. E o impacto dessas habilidades passa a ir para além do local de trabalho, influenciando positivamente na forma como nos posicionamos em todos os aspectos da nossa vida.

Capítulo 7

Aproveitando as oportunidades (ser mulher também é vantagem)

"Concentre-se nos pontos fortes, reconheça as fraquezas, agarre as oportunidades e proteja-se contra as ameaças."

Sun Tzu

A área de TI está em constante evolução, oferecendo inúmeras oportunidades para quem está disposto a aprender e se adaptar. Neste capítulo, vamos explorar como as mulheres podem aproveitar as oportunidades no campo da TI e transformar obstáculos em trampolins para o sucesso. Além disso, destacaremos características importantes que ajudam as mulheres a aproveitar essas oportunidades, utilizando exemplos de figuras inspiradoras na tecnologia.

O setor de TI é um dos que mais se desenvolve no mundo, com uma demanda crescente por profissionais qualificados. Segundo o relatório mais recente da Brasscom (2021), o Brasil precisará de cerca de 797 mil novos profissionais de TI até 2025. Esse número reflete um déficit significativo, visto que o país forma apenas 53 mil profissionais por ano, gerando uma lacuna anual de 106 mil talentos.

Essa demanda representa uma oportunidade enorme para mulheres que desejam ingressar ou avançar em suas carreiras na tecnologia. Empresas com maior diversidade de gênero em suas equipes tendem a ter uma performance financeira superior e são 21% mais propensas a alcançar melhores resultados econômicos. Além disso, as mulheres trazem perspectivas únicas que podem levar a soluções mais abrangentes e criativas, essenciais em um campo que depende tanto da inovação contínua.

Iniciativas específicas têm sido implementadas para atrair, reter e promover mulheres no setor. Programas como o "PrograMaria" e o "Reprograma" têm capacitado milhares de mulheres a ingressar no mercado de TI. O "PrograMaria" oferece cursos e *workshops* para ensinar programação e habilidades tecnológicas a mulheres, criando uma rede de apoio e empoderamento. Já o "Reprograma" forma mulheres em desenvolvimento *web*, com cursos intensivos e suporte para inserção no mercado de trabalho. Adicionalmente, muitas empresas de tecnologia estão desenvolvendo políticas de inclusão e diversidade para criar ambientes de trabalho mais equitativos, também gerando novas oportunidades para as mulheres na área de tecnologia.

Outro pilar da oportunidade é o empreendedorismo feminino no setor de TI, que também está em ascensão. Infelizmente, as mulheres ainda enfrentam diversas barreiras para empreender, tais como: acesso limitado a financiamento e redes de investidores, preconceitos de gênero e menor representação em posições de liderança na indústria de tecnologia. Por outro lado, de acordo com a Global Entrepreneurship Monitor, mesmo com apenas 8% das *startups* no Brasil sendo lideradas por mulheres, esses negócios têm 63% mais probabilidade de serem lucrativas do que aquelas fundadas por homens (GEM, 2023). Investir para que as mulheres empreendam mais contribui para um ecossistema mais diverso e dinâmico.

Outro aspecto atraente para as meninas é a flexibilidade de trabalho, que se faz cada vez mais presente após a pandemia. A possibilidade de trabalhar remotamente permite que as mulheres equilibrem melhor suas responsabilidades pessoais e profissionais. Dados da McKinsey & Company (2023) mostram que 80% das mulheres consideram a flexibilidade no trabalho um fator crítico para a sua permanência em uma organização.

7.1. Tendências emergentes e nichos promissores

Para as mulheres que estão começando ou buscando caminhos diferenciados para suas carreiras, entender onde estão as oportunidades mais latentes pode vir a ser um diferencial. Algumas das áreas mais promissoras incluem, mas não se restringem a:

7.1.1. Inteligência artificial e *machine learning*

A área de inteligência artificial (IA) e *machine learning*, como vimos anteriormente, está em rápida expansão, refletindo a crescente dependência de tecnologias avançadas para resolver problemas complexos e otimizar processos. Para as mulheres, essa é uma oportunidade ímpar de ingressar em um campo altamente dinâmico, promissor e influente, com potencial para impactar diversos setores da economia e da sociedade. Especializar-se em IA e *machine learning* pode abrir inúmeras possibilidades de carreira. As profissionais podem contribuir para o desenvolvimento de novos algoritmos, modelos e metodologias que impulsionam o progresso tecnológico em qualquer segmento de negócio. Mulheres atuando nessa área têm a oportunidade de avançar suas carreiras e servir como mentoras para as futuras gerações de cientistas e profissionais. Além disso, as aplicações práticas de IA já estão com alta demanda. Empresas de todos os tamanhos estão investindo pesadamente em IA para aprimorar seus produtos e serviços. Desde assistentes virtuais até sistemas de recomendação, as oportunidades são vastas. Mulheres especializadas em *machine learning* podem encontrar posições em *startups* inovadoras, grandes corporações tecnológicas ou até mesmo iniciar suas próprias empresas, trazendo soluções inovadoras para o mercado.

Além do setor privado, governos e organizações sem fins lucrativos também são fonte de oportunidade. Análises baseadas em IA podem prever surtos de doenças, otimizar o tráfego urbano e contribuir para a preservação ambiental. Obviamente, para aproveitar essas oportunidades, é essencial investir em educação e formação contínua. Participar de cursos, *workshops* e conferências, bem como se envolver em comunidades *on-line* de IA e *machine learning*, pode proporcionar o conhecimento e as conexões necessárias para avançar profissionalmente.

Exemplo inspirador de mulheres na IA: além da brasileira **Dora Kaufman**, pioneira em estudos sobre inteligência artificial e ética no Brasil, já citada anteriormente, também podemos mencionar **Fei-Fei Li**, professora de ciência da computação na Universidade de Stanford e codiretora do Instituto de Inteligência Artificial Centrada no Ser Humano de Stanford. Uma das líderes mais influentes no campo, é conhecida por seu trabalho no ImageNet e por defender a ética no uso e na aplicabilidade da IA.

7.1.2. Cibersegurança

Com o aumento exponencial das ameaças cibernéticas, a demanda por especialistas em cibersegurança nunca foi tão alta. Empresas, governos e organizações de todos os setores buscam profissionais capacitados para proteger dados e sistemas críticos contra tipos de ataques cada vez mais sofisticados. Estima-se que o crime cibernético movimente cerca de US$ 8 trilhões anualmente em todo o mundo, tornando-se uma das maiores economias clandestinas do planeta.

Para as mulheres, essa área oferece um campo repleto de desafios e possibilidades de crescimento. A cibersegurança abrange uma ampla gama de atividades, desde a proteção de redes e sistemas até a resposta a incidentes e a análise forense digital. Especialistas trabalham para identificar vulnerabilidades, desenvolver e implementar medidas de segurança, e monitorar atividades suspeitas para prevenir ataques. A necessidade de habilidades especializadas faz com que profissionais bem treinados sejam altamente valorizados no mercado de trabalho.

Para aquelas interessadas em ingressar nesse contexto, a combinação de educação formal com experiência prática é essencial. Cursos de graduação e certificações específicas fornecem uma base sólida de conhecimento técnico. Além disso, mais uma vez participar de estágios, *workshops* e *hackathons* pode oferecer a experiência prática necessária para enfrentar os desafios do mundo real.

Exemplo inspirador de mulher em cibersegurança: Parisa Tabriz, conhecida como "Princesa da Segurança" do Google (frase que está em seu cartão de visitas), é a diretora de engenharia de segurança da empresa. Ela lidera equipes responsáveis pela segurança do Google Chrome e é responsável pela proteção de bilhões de usuários da *web*.

7.1.3. Desenvolvimento de software e aplicações

O desenvolvimento de software continua a ser uma área central na TI, mesmo que IA tenha otimizado fortemente a maneira como os softwares são construídos atualmente. Mulheres com habilidades de programação e desenvolvimento de aplicativos podem encontrar oportunidades em diversas indústrias, desde *startups* até grandes corporações.

Exemplo inspirador de mulher no desenvolvimento de software: Kimberly Bryant, fundadora da organização Black Girls Code, é uma figura inspiradora no campo do desenvolvimento de software. Sua organização tem como missão aumentar o número de mulheres negras na tecnologia, oferecendo programas educacionais que ensinam programação e desenvolvimento de software para meninas negras. Bryant, engenheira elétrica de formação, fundou a Black Girls Code em 2011 após perceber a falta de diversidade na indústria de tecnologia e o baixo número de mulheres negras na área. Seu trabalho tem sido fundamental para criar oportunidades e encorajar jovens mulheres a seguir carreiras em tecnologia, desafiando estereótipos e promovendo maior inclusão.

7.1.4. Computação em nuvem

A computação em nuvem está transformando a maneira como as empresas operam, oferecendo soluções eficientes e escaláveis para armazenar, processar e gerenciar dados. Com a crescente adoção dessa tecnologia, especialistas em computação em nuvem são altamente valorizados, abrindo inúmeras oportunidades para mulheres na área. A certificação em plataformas como AWS, Microsoft Azure e Google Cloud Platform é essencial. Além disso, a experiência prática adquirida por meio de projetos reais e a participação em comunidades de tecnologia ajudam no desenvolvimento profissional.

Para as mulheres, a computação em nuvem oferece a chance de liderar iniciativas inovadoras que transformam operações. É uma área promissora, com potencial significativo para crescimento e impacto no futuro da tecnologia.

Exemplo inspirador de mulher na computação em nuvem: Teresa Carlson, ex-vice-presidente de setor público mundial da Amazon Web Services (AWS), liderou iniciativas globais de computação em nuvem e é reconhecida por suas contribuições à tecnologia e à inovação.

7.1.5. *Big data* e análise de dados

A capacidade de analisar grandes volumes de dados tornou-se uma competência altamente valorizada no mercado atual. Com o aumento exponencial da quantidade de dados gerados diariamente, empresas de diversos setores buscam profissionais qualificados para transformar esses dados em informações estratégicas.

Mulheres que se especializam em *big data* e análise de dados estão em uma posição privilegiada para assumir papéis na tomada de decisões, impactando diretamente a eficiência e a competitividade das organizações. Especialistas em *big data* utilizam ferramentas e técnicas avançadas para coletar, processar e analisar grandes quantidades de informações. Esse processo envolve desde a estruturação e limpeza dos dados até a aplicação de algoritmos de aprendizado de máquina para identificar padrões e tendências ocultas. Profissionais bem treinadas em análise de dados são capazes de ajudar empresas a entender melhor seus clientes, otimizar operações e desenvolver novas oportunidades de negócio.

A formação teórica é importante para a atuação no segmento. Conhecer também as últimas tendências e tecnologias pode proporcionar uma boa vantagem competitiva.

Exemplo inspirador de mulheres em *big data* e análise de dados: ***Cassie Kozyrkov***, cientista-chefe de decisões na Google Cloud. Cassie é uma figura proeminente no campo da ciência de dados e tem sido uma defensora fervorosa da democratização da inteligência artificial e do uso ético dos dados. Em sua carreira na Google, ela tem ajudado a moldar a forma como as empresas utilizam a análise de dados para tomar decisões mais informadas e eficazes. Sua trajetória demonstra como a expertise em *big data* e análise de dados pode levar a uma carreira influente e impactante, permitindo que mulheres desempenhem um papel central na definição de estratégias empresariais e na promoção da inovação tecnológica.

7.2. Vagas afirmativas e programas de diversidade: precisamos aprender a falar sobre isso

“Ações afirmativas” (do inglês *affirmative action*) são políticas institucionais destinadas a corrigir desigualdades históricas e promover a inclusão de grupos sub-representados no mercado de trabalho. No contexto da tecnologia, essas vagas são reservadas para mulheres e outras minorias, visando aumentar sua representação em setores tradicionalmente dominados por homens. A principal meta é criar um ambiente mais equitativo, onde todos tenham oportunidades iguais de desenvolvimento e sucesso profissional.

Essas vagas são implementadas com o objetivo de reduzir barreiras sistêmicas que impedem o acesso e a ascensão de mulheres na tecnologia. Entre as vantagens das vagas afirmativas estão a diversificação das equipes, que resulta em maior inovação e criatividade, além de um ambiente de trabalho mais inclusivo e justo. No entanto, existem desvantagens, como a possível percepção de que beneficiários dessas vagas não possuem méritos próprios, o que pode gerar ressentimentos e questionamentos sobre suas competências.

Nesse contexto, é importante dizer que não se trata de privilegiar um grupo em detrimento de outro. Não estamos tratando de privilégios arbitrários concedidos a determinados grupos, mas de uma forma de nivelar o campo de oportunidades.

Em muitos casos, mulheres, pessoas negras, indígenas e outros grupos minoritários enfrentam barreiras sistêmicas que limitam seu acesso à educação, ao mercado de trabalho e às posições de liderança. Essas barreiras são fruto de séculos de discriminação e exclusão, que não podem ser desfeitas apenas com a intenção de tratar todos de forma igualitária no presente. A intenção, infelizmente nesse caso, não é o suficiente. Ações afirmativas reconhecem essas disparidades e buscam criar condições mais equitativas para todos. Nós mulheres (e também os homens!), precisamos "aprender" a falar com propriedade sobre as vagas afirmativas e a defendê-las sempre que possível.

Programas de diversidade são iniciativas corporativas que buscam promover a inclusão e a equidade dentro das empresas. Esses programas abrangem uma variedade de estratégias, desde treinamento até implementação de políticas inclusivas e criação de grupos de afinidade. O objetivo é criar um ambiente de trabalho onde todas as pessoas, independentemente de gênero, raça, orientação sexual ou qualquer outra característica, possam se sentir valorizadas e incluídas.

Eles têm a vantagem de fomentar um clima organizacional mais harmonioso e produtivo, além de melhorar a reputação da empresa perante o mercado e a sociedade. Contudo, como qualquer mudança estrutural, eles podem enfrentar resistência interna e ser vistos como superficiais se não forem bem implementados e acompanhados de um compromisso real por parte da liderança da empresa.

Exemplos de sucesso: no Brasil, a Magazine Luiza se destacou ao implementar um programa de *trainee* exclusivo para negros. Empresas como Oracle, IBM e grandes bancos brasileiros também possuem programas de diversidade (inclusive de gênero) bem estruturados, com indicadores e que têm trazido bons resultados ao longo dos anos.

Resumindo, as vagas afirmativas e os programas de diversidade são ferramentas essenciais para promover a equidade de gênero na área de tecnologia. Embora enfrentem desafios e críticas, seus benefícios superam as desvantagens, pois trazem ambientes de trabalho mais inovadores e justos.

Capítulo 8

O bom combate: histórias de mulheres em tecnologia e como aprender com elas

"A persistência é o caminho do êxito."

Charles Chaplin, ator

Dizem que uma das maneiras mais eficazes de aprendizado é observando, compartilhando histórias e lições de vida. Eu costumo dizer que se cercar de alguém cheio de experiência é o mesmo que um carro que passa em nossa frente em um dia de chuva – marcas de pneus são deixadas para que possamos nos aproveitar da experiência de quem já viveu determinada situação.

O objetivo deste capítulo é mostrar algumas histórias inspiradoras de mulheres na área de tecnologia que viveram um "bom combate" e que agora possuem algo a nos ensinar. Vamos a elas?

Marisa Reghini, Vice-Presidente de Negócios Digitais e Tecnologia do Banco do Brasil

> *Bom, como comecei a minha carreira em TI? Eu nem sabia ao certo o que era TI, mas meu pai tinha comprado um CP200 daqueles que ligava na TV e no gravador e tinha começado a fazer pequenos programas... eu tinha uns 10 anos. Na época lembro que fiquei fascinada. Eu sou de Bauru, interior de SP, e lá temos o CTI (Colégio Técnico Industrial) ligado à UNESP (Universidade Estadual Paulista). Para entrar nesse colégio precisamos fazer o "vestibulinho". Meu pai então incentivou eu e uma prima a prestar o "vestibulinho"... ele estudou muito com a gente. Lembro que minha prima queria muito passar e eu não estava muito motivada, não... confesso.... o fato é que o destino estava lá e eu passei e ela não.*
>
> *Pois bem... comecei então a estudar TI no curso técnico de processamento de dados em 1994 e nunca mais parei de estudar TI. Logo nas primeiras aulas o mundo novo, até então desconhecido, tornou-se o que eu mais queria aprender, aprender, aprender. Eu estava com 13 anos... além das boas lembranças das aulas de lógica e programação, lembro também que a minha turma tinha muito mais*

meninos do que meninas. Isso me chamava atenção, mas não me impedia ou me constrangia em continuar desbravando esse novo mundo.

Foi aí que comecei no meu primeiro estágio, que era a de professora de TI. Eu ensinava Wordstar, Lotus 123 e por aí vai para alunos em uma LAN house... Seria esse o primeiro indício de que algumas profissões dentro da área de TI têm mais mulheres do que homens? Bom, na escola onde eu trabalhava éramos mais mulheres do que homens.

Finalizado o Colégio Técnico, passei no vestibular de Bacharel em Sistemas de Informação na UNESP. Diferentemente do colégio, esse vestibular eu queria muuiiittooo... estudei um ano todinho... manhã, tarde e noite (nos intervalos das aulas que eu ministrava)... cada minuto era um minuto válido de estudo e eu passei.

Entrei na faculdade em 1998 e em minha turma novamente éramos metade homens e metade mulher... ou uma proporção muito parecida com essa.

Agora tem algo que preciso falar... mesmo até esse ponto da minha vida estar sempre rodeada por homens e mulheres de TI em uma proporção aceitável, eu sempre gostei mais de assuntos que hoje parecem ser mais "rotulados" para mulheres, como: liderança de projetos, UX, requisitos etc. Eu nunca gostei e nunca me interessei por redes de computadores, por exemplo, profissões no mundo da TI com maior predominância masculina. Será que a mulher tem algo no seu DNA que explica isso? Bom, não sei, e também não estudei isso.... mas gostaria de deixar esse ponto registrado para o que vou falar mais para a frente.

No segundo ano da faculdade, prestei um novo concurso, agora para o Banco do Brasil. Lembro claramente que fiz isso por insistência do meu pai e porque todos os meus amigos de faculdade estavam prestando... mas eu pensava assim à época: "o que eu vou fazer num banco se eu quero continuar na área de TI?". Isso me soava muito estranho porque eu não tinha ideia (eu só tinha 18 anos) de que o Banco do Brasil tinha uma Diretoria de Tecnologia gigante em Brasília e que para que um banco do tamanho do BB funcionar, precisa de muita tecnologia.

Bom... logo que tomei posse me explicaram a existência da TI do BB e eu logo pensei... "É para lá que eu quero ir e eu vou". Mas como nada na vida é fácil... e nada na minha vida "caiu de bandeja"... somente depois de seis anos é que eu consegui ir trabalhar no que se tornou o meu sonho de consumo e no que eu pensava todos os dias desde o dia que entrei lá.

Cheguei na Tecnologia do BB em janeiro de 2005 e passei por todos os cargos da carreira, desde o primeiro cargo de analista até o último: o gerencial. Durante toda a minha carreira, eu convivi com homens e mulheres... para algumas situações, mais homens... quando, por exemplo, eu tinha que falar com o pessoal da infraestrutura. Já tive situações em que eu estava em reunião ou conduzindo um projeto no qual eu era a única mulher dentre as 15 pessoas da sala.

Confesso que isso nunca me abalou e sempre soube lidar com as piadinhas: "Nossa, a reunião está cheirosa hoje, hein?", "Ah, pede pra Marisa fazer a ata da reunião"... sendo muito sincera, nunca me senti diminuída com relação a isso e nunca deixei de falar o que pensava... talvez esse seja o grande segredo: amor, dedicação e conhecimento... as três coisas juntas me davam força para seguir e discutir tudo o que precisava sem me importar se havia ou não mais mulheres na sala. Além disso, aprendi logo no começo da minha carreira gerencial que eu deveria "estudar" a situação antes de começar a atuar. O que eu quero dizer com isso? Por exemplo, se eu iria participar de uma reunião em que eu sabia que a maioria seria homem, eu estudava o perfil deles e o que eles conheciam antes de começar a reunião... com isso, eu ia para a reunião da maneira mais preparada possível. Por não ter muitas mulheres como exemplo, eu não tinha muito em quem me espelhar e nem tampouco exemplos para seguir. Então essa dica que tive foi valiosa e acredito que ela me ajudou a não enxergar as diferenças de sexo nos diversos assuntos que eu conduzi ao longo da minha carreira.

Contudo, a minha visão sobre o assunto mulheres na TI mudou radicalmente quando no ano passado (fevereiro de 2023) eu assumi a função de Vice-Presidente de Negócios Digitais e Tecnologia do BB. Logo que tomei posse no novo desafio, comecei a receber mensagens de várias mulheres sobre o quanto estavam felizes com a minha nomeação e que tinham em mim um grande espelho. Além disso, comecei a conversar cada vez mais com grupos de funcionários e em todos os cantos que eu ia no país eu falava do tema. Só aí que eu descobri a importância do exemplo, a importância da referência, a importância de ter alguém que você possa olhar e falar... quero seguir o exemplo, quero chegar lá um dia.

Talvez tudo o que aconteceu comigo antes desse dia tenha sido "disfarces", "armadilhas", para eu conseguir "sobreviver" em uma profissão tão masculina... mas hoje eu tenho ciência e convicção de que não é tão simples quanto parece e que de fato temos que falar mais sobre o assunto. Nós, como líderes, temos que mostrar para as mulheres que estão começando agora que é possível e importante seguir na carreira. Que é importante "mirar" em um exemplo e tê-lo como porto seguro e orientação. E por que falo assim? Porque nós mulheres temos uma visão holística muito mais apurada do que os homens têm para o mercado de TI, e isso é um diferencial nosso. Nós conseguimos, ao entrar em uma sala, começar uma discussão e fazer rapidamente o "raio X" do que está acontecendo ali: quem está nervoso, quem está de fato demonstrando conhecimento... isso é um diferencial biológico da mulher que, utilizado na área de TI, só trará benefícios para todos. Pensa o quanto uma mulher pode tirar ao utilizar esse "sexto" sentido, quando estiver desenvolvendo modelos analíticos ou inteligência artificial. Quanto mais diversidade de pensamentos tivermos nas soluções de TI... melhores serão os produtos e as soluções no mundo.

Enfim, é por isso que tenho hoje como missão mudar a vida de uma mulher, nem que seja só um pouquinho, a cada dia. É por isso que quero ser exemplo para todas as mulheres que querem estudar TI e trabalhar nesse mundão maravilhoso. Conto minha história e outros "causos" por onde ando para motivar e espelhar novas mulheres para o mundo da TI. E assim vamos dia por dia... conquistando mais mulheres.

Elenice Karina Santos, *Head* Executiva de Tecnologia

Ao longo da nossa vida, quantos "nãos" já não recebemos? Recebemos "nãos" profissionais, amorosos, de pessoas etc. Mas o que muda é a forma como você consegue ressignificar esse não...

Na minha vida, recebi inúmeros "nãos", muitos mesmo. Confesso que, no começo, nem entendia que era um "não". Depois, esse "não" me machucava, até que aprendi a ressignificá-lo. Quando eu tinha 19 anos, um certo dia, recebi um contato de uma moça de uma empresa X para participar de um processo seletivo. Como era uma empresa grande aqui da minha cidade de Guarulhos, fiquei superanimada com a possibilidade de conseguir um bom trabalho e ajudar meus pais a pagarem minha faculdade.

A moça agendou uma entrevista presencial, e meu pai, superanimado, me levou a um outlet das lojas Barreds e comprou um terninho rosa para mim. Eu me recordo como se fosse hoje: ele me orientando sobre o que falar e não falar, me ensinando a andar de salto. Hoje, enxergo que, mesmo com pouca instrução – meu pai estudou até a oitava série –, ele sempre foi um homem muito sábio e de visão.

O dia chegou. Na noite anterior, quase não dormi de ansiedade. Morando na periferia de Guarulhos, saí duas horas antes de casa para não correr o risco de chegar atrasada. Ao chegar na empresa, toquei uma campainha e fui recebida por uma moça da recepção que me olhou dos pés à cabeça e, pasme, ligou para a moça do RH praticamente sussurrando no telefone, "avisando que eu havia chegado". Ao desligar o telefone, a recepcionista olhou para mim e disse: "A selecionadora está terminando um processo e pediu para você aguardar lá fora!". Na minha ingenuidade, respondi: "Lá fora? Onde?". Ela respondeu: "Na rua!" Eu disse: "Ok...".

E ali fiquei por horas esperando a tal selecionadora, que nunca apareceu! Quando eu tocava a campainha, não tinha retorno. Até que deu a hora do almoço, e a recepcionista saiu para ir almoçar. Ao me ver lá sentada na calçada, sob o sol, ela disse: "Você ainda está aqui?". Eu respondi: "Você pediu para eu aguardar!". Rindo, ela respondeu: "A vaga já foi preenchida. Pode voltar para sua casa!"

Naquele momento, questionei muito o que poderia ter acontecido, o que eu tinha feito de errado. Chorei muitas vezes calada até que pude compreender que era algo maior, um tal de "preconceito", conhecem? Passaram algumas semanas, e recebi um contato do banco Unibanco para participar de um processo seletivo. Dessa vez não fiquei tão animada, mas coloquei na minha cabeça que iria e nada nem ninguém iria me parar.

Coloquei meu terninho rosa e fui! Confesso que estava pronta para atacar e me defender, raivosa. Para minha surpresa, fui elogiada, super bem recebida e passei no processo. Era uma oportunidade muito melhor do que a empresa de Guarulhos tinha oferecido! Aqui fica a primeira lição dessa situação: toda vez que recebo um "não", lembro do meu terninho rosa e ressignifico esse "não". Penso que, se não aconteceu, é porque coisas melhores virão. Hoje sinto gratidão por aquela moça, pois ela me fez enxergar o quanto sou forte e que tudo que eu quiser posso conseguir!

Depois de alguns anos, por acaso do destino, encontrei a recepcionista da empresa de Guarulhos. Ela era amiga de uma amiga em comum e tínhamos combinado de ir para um barzinho. Por ironia do destino, ela precisava de uma carona e quem era a única menina que tinha carro? Ela fingiu que não lembrava de mim, mas eu sei que ela lembrava, pois passou a noite inteira desconfortável! Aqui fica a segunda lição: nunca subestime ninguém por sua aparência, pois um dia você pode precisar dessa pessoa.

Monica Mancini, *Head* de Tecnologia

No decorrer da minha trajetória profissional na área de TI sempre fui muito elogiada no meu trabalho. Tenho raciocínio rápido para propor soluções, sou sociável, flexível, trabalho muito bem em equipe e sempre me posicionei no meu trabalho, sendo respeitada pelos meus pares. Nunca tinha sentido qualquer tipo de discriminação por ser mulher até desejar uma posição de diretoria.

Sempre quis assumir um cargo de diretoria, pois me sentia preparada para tal desafio. Investi pesado em educação, com pós-doutorado, doutorado, mestrado, cinco pós-graduações, já tinha passado por várias empresas em segmentos diferentes: governo, bancos, saúde, consultoria etc.

Com mais de 25 anos de experiência na área, em empresas nacionais e globais, eu tinha construído uma carreira baseada no conhecimento, no meu networking e sempre focada em resultados. Na época, a empresa abriu uma posição para assumir a diretoria de TI. O presidente pediu três indicações internas no RH e três nomes foram cogitados: eu (mulher) e mais dois homens com mais de 15 anos de experiência cada um. O presidente queria uma pessoa que conhecesse bastante a empresa, que tivesse um forte relacionamento com as áreas usuárias, conhecesse bastante a tecnologia, entre outros requisitos. Eu sabia que eu tinha o melhor CV e estava bem mais preparada que os meus concorrentes. Eu já tinha mais de cinco anos na empresa, tinha entregado grandes projetos, era bem quista pelas áreas usuárias. Não tinha como dar errado.

Após passar pelo processo seletivo e entrevista com o presidente, recebi o retorno do RH, que me informou que o meu CV era maravilhoso, que todos gostavam de mim e do meu trabalho, porém eu não tinha sido escolhida por não ter as qualificações necessárias para a posição que a empresa desejava. Fiquei indignada com tal resposta, que não me convenceu. Perguntei quais eram as qualificações desejadas e simplesmente ouvi: "Você não terá tempo de se dedicar integralmente à empresa. Precisamos de alguém disponível 100%. Como você é mulher, terá filhos, marido e não terá mais tempo. Também precisamos de alguém que suporte as pressões do cargo". Fiquei estarrecida com este comentário. Eu já tinha me dedicado muito à empresa e ela já tinha tomado mais de 100% do meu tempo em detrimento da minha vida pessoal. Como podiam me julgar dessa forma? Então, percebi que era mais um jogo político e velado. Como resultado dessa experiência, percebi que estava trabalhando no lugar errado. Era a empresa que não servia mais para mim. Tudo mudou depois disso. A partir desse fato, procurei uma nova colocação e busquei outra empresa que tivesse a ver mais com os meus valores e que desse importância para a liderança feminina na organização. Eu tive uma grande lição aprendida com tudo isso: conheça a cultura organizacional da sua empresa, pois ela diz quem ela é! Se essa cultura não se encaixa nos seus valores, então essa empresa não serve para você!

Nuncia Celebrone, *Head* de TI e Governança Estratégica de TI

Eu sempre me perguntava se eu estaria fazendo a coisa certa: hoje, com os meus filhos adultos, percebo que sim, eles declaram muito orgulho de mim, tenho um excelente relacionamento com eles – sou amada e os amo muito.

Mas não foi fácil: me casei muito nova, tive filhos ainda no começo da carreira e não tinha respaldo de parentes para o dia a dia. Foi necessário planejar muito a rotina da casa com os filhos e aprender a priorizar. Em todos os momentos livres meus filhos eram a prioridade.

A opção por uma escola de período integral, muito questionada na época por familiares conservadores, foi imprescindível nos primeiros sete anos deles.

Quando o meu filho nasceu, eu era responsável por um sistema de produção de fábrica – se ele parasse, a fábrica parava. Vale lembrar que na licença-maternidade dele eu estudei um novo aplicativo, o que me valeu uma promoção alguns meses após o meu retorno. Muitas noites e fins de semana resolvendo problemas, mas a rotina dele nunca foi alterada. Contei com a ajuda do meu marido, um verdadeiro parceiro!

Resolvemos ter mais um nenê sem grande diferença de idade e a nova gravidez virou nossa vida de cabeça para baixo. Aos 4 meses de gestação descobrimos que eu tinha placenta prévia e começou uma luta para salvar o nenê. Mesmo com a recomendação de descanso total, argumentando que trabalhava sentada, continuei trabalhando. Minha filha nasceu com seis meses e meio de gestação, ficou na UTI, depois na incubadora e finalmente com alta.

Licença-maternidade vencida, retornei agora com dois pequenos, sendo uma prematura que necessitava de cuidados especiais.

Eu precisava urgentemente evoluir na carreira para deixar as chamadas por conta de "paus em sistemas" a qualquer momento.

Uma oportunidade surgiu, um novo desafio: uma liderança para implantação de metodologia e formação de novos perfis de profissionais. Tudo novo, muita pesquisa, muita dedicação, mas um grande salto e redirecionamento de carreira.

Foi necessária muita coragem, com duas crianças, uma de 3 anos e outra de 6 meses, para deixar uma empresa muito boa e encarar o proposto. Fui! Consegui implantar com sucesso e valeu como passaporte para a gestão. A partir daí segui minha carreira evoluindo para a governança estratégica de TI.

Como aprendizado positivo: tempo livre dedicado aos meus filhos. Conversei muito com eles, sempre explicando o que estava acontecendo e os porquês das coisas.

Muita luta, mas também muitas satisfações. Olhando pelo retrovisor, valeu a pena!

Sylvia Bellio, Executiva de TI

"Lágrimas, a liberdade de expressão emocional das mulheres."

Outro dia, em um evento apenas com mulheres, em um momento mais sentimental, escutei "que ótimo poder estar em um evento assim e poder demonstrar minhas emoções sem ser reprimida".

Somos ensinadas a sermos "fortes" e a controlarmos nossas emoções. A sociedade muitas vezes espera que as mulheres sejam resilientes, inabaláveis e capazes de enfrentar qualquer desafio sem demonstrar fragilidade. Infelizmente, essa expectativa pode sufocar a autenticidade emocional das mulheres. O ditado popular de que "mulheres não devem chorar em público" tem sido transmitido de geração em geração. No entanto, essa ideia merece uma análise mais profunda. Por que as lágrimas femininas ainda são vistas como um sinal de fraqueza ou vulnerabilidade? Chorar não é um sinal de fraqueza; é um ato de coragem.

Chorar é uma maneira de liberar emoções acumuladas, sejam elas tristeza, alegria, raiva ou alívio. Negar às mulheres o direito de chorar em público é negar-lhes a oportunidade de serem plenamente humanas. Mulheres têm SIM o direito de chorar.

Anita Nascimento, Executiva de Tecnologia

Tenho um casal de filhos, de 26 e 28 anos hoje. A fase infantil, creio ter sido como a maioria das mães, com as discriminações, restrições e dificuldades de conciliar carreira e maternidade. Porém, quando você acha que ao crescerem isso acaba, para minha não grata surpresa, após o baile lindo de debutantes que minha filha teve, ela apresentou quadro delirante e de pânico, que, ao longo do tempo, foi diagnosticado como esquizofrenia, e já pulando a fase inicial rapidamente.

Não sou mãe solo, mas sempre fui arrimo de família, pois meu amado esposo faz tratamento oncológico, porém totalmente presente como pai, graças a Deus. Creio que essa situação inclusive deve ter acelerado o caso.

Em um dos tratamentos que ela fez, a medicação não foi boa, causando baixa de resistência e uma grande e grave pneumonia apareceu. Ela teve que ser internada de urgência. Nessa época eu já era CIO e óbvio que fiquei com ela no hospital, visto que para o pai era risco e porque eu queria ficar, claro.

Trabalhei remotamente por oito dias, fiz reuniões, comitês executivos e tudo o mais sem nenhum prejuízo em qualquer atividade.

Eu era a única mulher executiva da empresa, entre outros 11 executivos homens.

Os resultados na minha gestão elevaram todos os indicadores (satisfação do cliente, financeiro, estabilidade e disponibilidade do ambiente, tudo). Mas eu contrapunha algumas posições de certos executivos, e o CEO/presidente da empresa adorava. O que aconteceu? Fui desligada pouco tempo depois da internação, com a justificativa de que eu podia ter deixado alguém com minha filha e que não era nada que me desabonasse, nada em relação aos meus resultados e postura, exceto eu me dedicar muito à minha família. O CEO me chamou separadamente dizendo não concordar, me defendeu, que eu sei ser verdade, mas não queria fazer inferência, visto que eu me reportava a um VP. De tudo que vivi, esse foi o evento de maior desafio e preconceito que enfrentei. Mas não mudei meus valores por isso: continuo tratando e cuidando dos meus filhos e esposo e sendo profissional comprometida, responsável, engajada, motivada, pesando sempre os fatos com coerência e bom senso, para saber distinguir o momento em que meus filhos realmente vêm em primeiro lugar, sem deixar de cumprir minhas obrigações.

Rita Vidrich, Executiva de Tecnologia

Eu tinha 22 anos e minha filha, 2. Fui alocada em um projeto na Argentina, onde só voltaria para casa a cada duas semanas. Mesmo sentindo-me dividida, escolhi ir, por mim e pela minha filha. Foi nessa época que aprendi que distância é diferente de ausência. Eu nunca fui ausente: nos falávamos pelo Skype todos os dias e fazíamos tarefas juntas. Foi um período de crescimento para nós duas!!!!

Ana Laurito, Executiva de TI

E quem cuida do bebê enquanto você viaja? Um empregador decidindo o que acha melhor para uma mãe de bebê buscando emprego...

Estava em um momento de transição, havia saído da empresa anterior, após a licença maternidade, através de um pacote de demissão onde me voluntariei devido à interesses pessoais ligados a ficar com meu bebê por mais um tempo, terminar a construção da nossa casa e empreender.

Dos três motivos, dois deles foram atendidos, porém não foi possível empreender devido aos gastos não planejados com o projeto da casa. Meu filho estava com 1 ano e 2 meses e daí decidi voltar para o mercado corporativo.

Até este momento a minha maior experiência foi em uma empresa de alma feminina, feita por mulheres e para mulheres. Assim, não percebia nenhum tipo de diferença e pré-conceitos em relação às mulheres em nenhuma das suas fases, aliás foi uma das primeiras, se não a primeira empresa a ter um berçário dentro da sua estrutura para que as mães pudessem deixar seus bebês após a licença maternidade até os dois primeiros anos de vida, o que dava muito conforto às mães pois podiam ter contato com seus filhos a qualquer momento do dia além de todo o suporte através da disponibilidade de profissionais competentes envolvidos como: enfermeiras, cuidadoras, pediatras, etc.

Neste período, passei por vários processos de seleção e percebia que havia um certo desconforto quando tinham conhecimento do meu bebê. Mas em um deles, o preconceito foi declarado!

Já havia passado por 2 outras entrevistas (Head Hunter e RH) e esta era com o gestor da vaga, quando lá no final da entrevista ele deu seu veredito dizendo que tinha gostado bastante do meu perfil, mas que não achava viável a minha continuidade no processo pois teria necessidade de algumas viagens e como eu tinha um bebê, poderia impactar nas viagens.

Como percebi que ali seria mais um livramento do que uma oportunidade futura, então agradeci pelo tempo até ali e como comentário derradeiro, eu disse que pensava que esta decisão deveria ser minha e ele poderia ter me perguntado o que eu achava ao invés de decidir por mim, pois sim, eu tinha respaldo em casa para a necessidade de viagens, além de ter um marido bem participativo também do processo de criação do nosso filho e podia contar, tranquilamente, com ele e com a pessoa que já cuidava do nosso bebê durante minhas ausências.

Considerando que um bebê não é feito só com a participação da mulher (mãe) e o homem (pai) normalmente não é questionado e muito menos excluído de um processo ou de qualquer outra atividade por conta do filho pequeno. A questão que fica então é que nos dias de hoje o homem tem tido igual participação na criação dos filhos tendo como única diferença que ele ainda não provê "leite paterno", porém com a licença maternidade estendida para seis meses, esta não deveria ser mais uma desculpa. Então, qual poderia ser o real motivo? A resposta ainda paira, infelizmente, sobre a cultura. Vamos todos mudar isso juntos, mostrando que o mundo atual demanda colaboração, não somente nas organizações e comunidades, mas dentro das famílias também!

***

As experiências dessas mulheres mostram que, embora os estereótipos e desafios sejam reais, é possível superá-los com determinação, apoio e estratégias eficazes. Com confiança, é possível transformar obstáculos em oportunidades de crescimento e sucesso.

Capítulo 9

Manual de bolso: dicas para você se inspirar

Quando eu era criança, em casa havia um livro (acho que era da minha mãe, que também adorava ler!) cheio de frases de filósofos e escritores famosos. Confesso que, apesar de tentar lembrar o título e procurar pela capa dele, não consegui encontrar na internet. Afinal, já se passaram mais de 40 anos... esse livro foi meu guia por muitos anos. Eu adorava acordar e ler uma frase que me motivaria para aquele dia. Acredito profundamente que nós, mulheres, precisamos nos fortalecer e ajudar umas às outras. Por isso, neste capítulo fiz uma curadoria de frases de mulheres e homens fortes, para que nossa vida, nem sempre fácil na tecnologia, possa ser inspirada. Vamos lá?

9.1. Frases inspiradoras

"Acredite em si mesma e no seu potencial. Você é capaz de conquistar tudo o que desejar." — Sheryl Sandberg, ex-COO do Facebook.

"Abrace sua individualidade e deixe sua luz brilhar. O mundo precisa da sua autenticidade e da sua visão única." — Susan Wojcicki, CEO do YouTube.

"Transforme cada obstáculo em uma oportunidade de aprendizado e crescimento. O sucesso é construído com resiliência e perseverança." — Arianna Huffington, fundadora do The Huffington Post.

“A tecnologia é um campo fértil para mentes brilhantes e criativas. Seja protagonista da inovação e construa um futuro mais inclusivo e diverso.” — Ginni Rometty, ex-CEO da IBM.

“Não permita que o medo te paralise. Ouse sonhar grande, ouse agir e ouse ser a melhor versão de si mesma.” — Marissa Mayer, ex-CEO do Yahoo.

“A diversidade é o combustível da inovação. Abrace as diferenças, celebre a pluralidade e crie soluções que transformam o mundo.” — Padmasree Warrior, CEO da Fable.

“Não espere o convite, tome a iniciativa. Construa seu próprio caminho e conquiste o sucesso com suas próprias mãos.” — Reshma Saujani, fundadora da Girls Who Code.

“A tecnologia é uma ferramenta poderosa para o bem. Utilize seus conhecimentos para criar um impacto positivo na vida das pessoas e na sociedade.” — Mitchell Baker, CEO da Mozilla Foundation.

“Seja a inspiração que você busca. Acredite em si mesma e seja a mudança que você quer ver no mundo.” — Mahatma Gandhi.

“Nunca deixe que ninguém silencie sua voz. Lute pelos seus sonhos, defenda suas ideias e inspire outras mulheres a fazerem o mesmo.” — Malala Yousafzai, ativista paquistanesa.

“O conhecimento é a chave para o empoderamento. Invista em sua educação e abra as portas para um futuro brilhante.” — Michelle Obama.

“A felicidade não é um destino, é uma jornada. Encontre alegria em cada passo e celebre suas conquistas.” — Oprah Winfrey.

"Não deixe ninguém roubar a sua imaginação, sua criatividade e sua curiosidade." — Mae Jemison.

"A diferença entre pessoas comuns e pessoas extraordinárias é o quanto se dedicam a alcançar seus sonhos." — Elon Musk.

"O futuro pertence àqueles que acreditam na beleza de seus sonhos." — Eleanor Roosevelt.

"Não há limite para o que nós, como mulheres, podemos realizar." — Michelle Obama.

"A única maneira de fazer um ótimo trabalho é amar o que você faz." — Steve Jobs.

"Não espere. O tempo nunca será justo." — Napoleon Hill.

"Se você pode sonhar, você pode fazer." — Walt Disney.

"A vida é 10% o que acontece com você e 90% como você reage a isso." — Charles R. Swindoll.

"Não importa o quão devagar você vá, desde que você não pare." — Confúcio.

"A frase mais perigosa em qualquer idioma é: 'Sempre fizemos assim'." — Grace Hopper.

"O que você faria se não tivesse medo?" — Sheryl Sandberg, ex-COO do Facebook.

"Ensine suas filhas a serem corajosas, não perfeitas." — Reshma Saujani, fundadora do Girls Who Code.

"Aprendi a sempre assumir desafios que eu não sabia se conseguiria alcançar. Isso me manteve sempre crescendo." — Ginni Rometty, ex-CEO da IBM.

"Eu sempre fiz algo para o qual não estava totalmente preparada. Acho que é assim que se cresce. Quando há aquele momento de 'Uau, não tenho certeza se posso fazer isso', e você supera esses momentos, é quando você tem um avanço." — Marissa Mayer, ex-CEO do Yahoo.

9.2. OK! E, na prática, como fazer para avançar nas carreiras de tecnologia?

» **Busque mentoria:** encontre mentores que possam oferecer orientação e apoio. Participar de redes de mulheres na TI pode ajudar a encontrar mentores experientes que entendam os desafios específicos do setor e possam oferecer conselhos valiosos.

» **Acredite nas suas habilidades:** confie em suas habilidades e valorize suas realizações. Enfrentar a síndrome do impostor é crucial para avançar na carreira. Lembre-se de que você conquistou seu lugar por mérito e competência. Reconhecer suas próprias capacidades e celebrar suas conquistas ajudará a fortalecer sua confiança e a motivar outras mulheres ao seu redor.

» **Continue aprendendo:** mantenha-se atualizada com as últimas tendências e tecnologias participando de cursos, *workshops* e conferências. A tecnologia está em constante evolução, e investir em educação contínua garante que você permaneça competitiva no mercado. Além disso, aprender novas habilidades pode abrir portas para oportunidades de carreira mais avançadas e diversificadas.

» ***Networking***: a gente não faz *networking* apenas quando estamos "open to work". Procure cultivar relacionamentos profundos e sinceros. Participe de eventos e comunidades de tecnologia para expandir sua rede de contatos e encontrar oportunidades de carreira. O *networking* eficaz pode levar a colaborações interessantes, mentorias e até mesmo novas ofertas de emprego. Conectar-se com outras mulheres na tecnologia também cria um senso de comunidade e apoio mútuo.

» **Seja resiliente:** haverá dias bons e dias ruins. Nos que não forem "tão bons", fique firme. Eles também passam. Enfrente os desafios com determinação. Não deixe que os obstáculos a desanimem. Cada problema superado fortalece sua capacidade de enfrentar futuras adversidades.

Lembre-se de que sua jornada pode inspirar muitas outras mulheres a seguir seus passos. Juntas, podemos transformar o cenário tecnológico e promover uma cultura de igualdade e empoderamento.

9.3. Livros para evoluir como profissional e pessoa (uma sobe e puxa a outra)

Se você está buscando inspiração e *insights* para mulheres na área de tecnologia, aqui estão algumas dicas de leitura que fizeram a diferença na minha carreira e na de minhas colegas. Essas obras são guias poderosos sobre como compreender melhor temas sobre equidade, alcançar posições de liderança e superar obstáculos no ambiente de trabalho. É uma curadoria pessoal e temporal, mas que me ajudaram a evoluir. Espero que ajude você também!

» *Escute o que ela diz: viés inconsciente – o que os homens precisam saber (e as mulheres têm a dizer) sobre trabalhar juntos* (Joanne Lipman, 2019)

» *Blind Spots: why we fail to do what's right and what to do about it* (Max H. Bazerman e Ann E. Tenbrunsel, 2013)

» *Delusions of Gender: how our minds, society, and neurosexism create difference* (Cordelia Fine, 2011)

» *Lean In: women, work, and the will to lead* (Sheryl Sandberg, 2013)

» TI de Salto volumes I, II, III, IV (Sylvia Bellio e convidadas)

» *Mulheres na Tecnologia Volume I* (Tania Moura, Andreia Roma e convidadas, 2022)

» *Mulheres que correm com os lobos: mitos e histórias do arquétipo da mulher selvagem* (Clarissa Pinkola Estés, 2018)

» *Desfazendo Gênero* (Judith Butler, 2022)

» *Uma sobe e puxa a outra: histórias reais para impulsionar mais mulheres* (Christiane Pelajo, Dea Mendonça, Flávia Lippi, Luciana Herrmann Pierri, Natasha de Caiado Castro, coordenadoras, 2023)

» *Os primeiros 90 dias: estratégias de sucesso para novos líderes* (Michael Watkins, 2013)

» *A próxima onda: inteligência artificial, poder e o maior dilema do século XXI* (Mustafa Suleyman e Michael Bhaskar, 2023)

» *Flow: the psychology of optimal experience* (Mihaly Csikszentmihalyi, 2008)

» *The Checklist Manifesto: how to get things right* (Atul Gawande, 2009)

» *Dar e receber: uma abordagem revolucionária sobre sucesso, generosidade e influência* (Adam Grant, 2014)

» *Originais: como os inconformistas mudam o mundo* (Adam Grant, 2016)

» *Pense de novo: o poder de saber o que você não sabe* (Adam Grant, 2021)

» *A Startup Enxuta* (Eric Ries, 2019)

» *A Quarta Revolução Industrial* (Klaus Schwab, 2018)

» *Comece pelo Porquê: como grandes líderes inspiram pessoas e equipes a agir* (Simon Sinek, 2018)

» *Thinking, Fast and Slow* (Daniel Kahneman, 2011)

» *Ruído: uma falha no julgamento humano* (Daniel Kahneman, Olivier Sibony e Cass R. Sunstein, 2021)

» *Mindset: a nova psicologia do sucesso* (Carol S. Dweck, 2017)

» *Aperte o F5* (Satya Nadella, 2018)

» *Mais Esperto que o Diabo* (Napoleon Hill, 2015)

» *Os quatro compromissos: o livro da filosofia tolteca* (Don Miguel Ruiz, 2021)

» *O Monge e o Executivo* (James C. Hunter, 1989)

» *Sapiens: uma breve história da humanidade* (Yuval Noah Harari, 2015)

» *Homo Deus: uma breve história do amanhã* (Yuval Noah Harari, 2016)

» *21 lições para o século 21* (Yuval Noah Harari, 2018)

» *Economia Exponencial* (Eduardo Ibrahim, 2021)

Steve Jobs, em seu lendário discurso "Conectando os Pontos" na formatura de Stanford em 2005, explicou que, embora tenha abandonado a faculdade formalmente, ele continuou a frequentar algumas aulas que lhe interessavam, como uma de caligrafia. E foi o conhecimento adquirido nessa mesma aula, que parecia irrelevante na época, que acabou influenciando profundamente o design tipográfico do primeiro Macintosh, muitos anos depois. Jobs usou essa experiência para ilustrar que muitas vezes não é possível conectar os pontos olhando para frente; só é possível conectá-los olhando para trás. Ele enfatizou que é preciso confiar que os pontos de sua vida se conectarão no futuro, ainda que o caminho não seja claro no momento.

Quando você lê um livro, aquele conteúdo, transformado em conhecimento assimilado, em algum momento será útil. Serão os "pontos" que algum dia você utilizará para ter uma boa ideia, tomar alguma ótima decisão, ser um líder melhor. Se olharmos para trás, as grandes inspirações que tivemos (que muitas vezes chamamos de intuição) nada mais são que conhecimentos que adquirimos no passado, em conjunto – conectados – com contexto presente e oportunidades existentes. Só é possível ligar os pontos se você tiver conhecimento suficiente para fazê-lo. Por isso, estude, leia, participe de eventos, ouça *podcasts*, escreva. Aprenda para a vida (*lifelong learning*). Estudar é criar um "arsenal de pontos" e de aprendizado, que lá na frente podem fazer toda a diferença em nossa jornada.

Capítulo 10

Encerramento

"Nada é tão nosso, quanto nossos sonhos"

Friedrich Nietzsche, filósofo, poeta, compositor e crítico cultural do século XIX

Quantas vezes ao longo da nossa vida, diante de uma situação desconfortável, ouvimos a frase "só podia ser mulher!"? Desejo que a leitura deste livro tenha sido tão agradável para você quanto foi para mim escrevê-lo. As pesquisas, as histórias e os conteúdos compartilhados aqui, pela força, só poderiam ter vindo mesmo de mulheres. Espero que essa frase tenha ganhado também um novo significado para você e tenha trazido inspiração e determinação. De hoje em diante, quando testemunharmos as conquistas de uma mulher, vamos ter admiração e dizer: "É, só podia ser mulher mesmo!". Porque apenas nós somos, ao mesmo tempo, delicadeza e fortaleza, e essas qualidades juntas são as únicas que podem transformar o mundo à nossa frente, tão repleto de desafios.

Falando em desafios, após mais de três anos de pesquisa, poder compartilhar esse conteúdo foi certamente a realização de um sonho. Lembra daquela menina que queria cursar jornalismo e "desistiu" porque no dia que ia prestar o vestibular estava no enterro da mãe? Hoje, eu, com quase 45 anos, sou oficialmente estudante desse curso. Em dois anos, possivelmente serei uma jornalista graduada. Divido isso com você porque acredito que, com trabalho e boa-fé, o universo sempre dá um jeito de nos devolver todos os nossos sonhos, multiplicados e lindamente realizados, mesmo que isso aconteça por caminhos desconhecidos, não planejados e bem mais longos ou sinuosos do que esperávamos.

Se eles são longos, não podemos desanimar. Tire o melhor das estradas que você tem trilhado. O maior bem que temos atualmente é nosso tempo. E passamos grande parte dele trabalhando. Invista energia e amor em tudo que você faz. Não deixe para depois. Eu contei esse trecho no meu TEDx, mas gostaria de deixá-lo registrado aqui para você. Quando minha mãe faleceu, aos 48 anos, dias depois eu abri a gaveta dela para arrumar e encontrei muitas roupas novas, todas etiquetadas. Possivelmente ela estava guardando seus melhores trajes, em tempos de maior dificuldade, para utilizar em alguma ocasião especial. Esse tempo para ela não chegou. Eu aprendi desde muito cedo a não deixar nada para depois. Esse bem precioso que temos, chamado vida, deve ser vivido para valer. Quantas roupas etiquetadas você tem em suas gavetas? Quantos sonhos não têm sido vividos ou têm sido deixados de lado "aguardando" o momento ideal? Seja qual caminho você estiver percorrendo, faça-o com vontade. E se estiver perdido, desanimado, existem muitas estradas, e uma delas será a sua. Faça o bem e deixe que o universo se encarregue do resto.

E para finalizar, já que estamos falando de caminhos, este livro não é apenas um relato de desafios e conquistas, das estradas que muitas de nós percorremos. Ele se propõe a ser mais que isso. É um chamado à ação. Um convite para que cada mulher na área de tecnologia (e quem sabe de outras áreas?) se fortaleça, se empodere, se inspire e se conecte com outras mulheres que compartilham os mesmos sonhos, aspirações e desafios. Para os homens, é um chamado à consciência. Para que estejam ao nosso lado, nos apoiem e, acima de tudo, nos respeitem. Vamos juntos construir um futuro no qual a igualdade de gênero não seja apenas um ideal, mas uma realidade. Realidade esta na qual as diferentes potencialidades e fortalezas de homens e mulheres se unam para construir um mundo melhor. Afinal, competência não tem gênero!

Referências

ABEINFO. **Por que há tão poucas mulheres trabalhando em tecnologia?** 11 dez. 2020. Disponível em: <https://abeinfobrasil.com.br/por-que-ha-tao-poucas-mulheres-trabalhando-em-tecnologia/>. Acesso em: 15 ago. 2024.

ABREU, D. **Herdeiras de Ada Lovelace**: Iniciativas para fomentar a participação feminina na computação no Brasil e no mundo. Rio de Janeiro: Universidade Federal do Rio de Janeiro, 2018.

ACCENTURE; GIRLS WHO CODE. **Resetting tech culture:** 5 strategies to keep women in tech. Accenture, 2020. Disponível em: <https://www.accenture.com/content/dam/accenture/final/a-com-migration/pdf/pdf-134/accenture-a4-gwc-report-final1.pdf>. Acesso em: 19 ago. 2024.

ADAM, A. *et al*. Being an "it" in IT: Gendered identities in IT work. **European Journal of Information Systems**, vol. 15, n. 4, p. 368-378, Oct. 2006.

ADAM, A. Exploring the gender question in critical information systems. **Journal of Information Technology**, vol. 17, n. 2, p. 59-67, July 2002.

ADAM, A.; HOWCROFT, D.; RICHARDSON, H. (2001). Absent Friends? The Gender Dimension in Information Systems Research. *In*: RUSSO, N. L.; FITZGERALD, B.; DEGROSS, J. I. (eds) **Realigning Research and Practice in Information Systems Development.** IFIP — The International Federation for Information Processing, vol. 66. Boston, MA: Springer, 2001. Disponível em: <https://doi.org/10.1007/978-0-387-35489-7_22>. Acesso em: 15 ago. 2024.

ADAM, A.; HOWCROFT, D.; RICHARDSON, H. A decade of neglect: Reflecting on gender and IS. **New Technology, Work and Employment**, vol. 19, n. 3, p. 222-240, 2004.

ADYA, M.; KAISER, K. M. Early determinants of women in the IT workforce: A model of girls' career choices. **Information Technology and People**, vol. 18, n. 3, p. 230-259, Sep. 2005.

AGÊNCIA IBGE NOTÍCIAS. **Em média, mulheres dedicam 10,4 horas por semana a mais que os homens aos afazeres domésticos ou ao cuidado de pessoas.** 04 jun. 2020. Atualizado em 31 jul. 2023. Disponível em: <https://agenciadenoticias.ibge.gov.br/agencia-sala-de-imprensa/2013-agencia-de-noticias/releases/27877-em-media-mulheres-dedicam-10-4-horas-por-semana-a-mais-que-os-homens-aos-afazeres-domesticos-ou-ao-cuidado-de-pessoas>. Acesso em: 19 ago. 2024.

AHLQVIST, S.; LONDON, B.; ROSENTHAL, L. Unstable Identity Compatibility: How Gender Rejection Sensitivity Undermines the Success of Women in Science, Technology, Engineering, and Mathematics Fields. **Psychological Science**, vol. 24, n. 9, p. 1644–1652, Dec. 2013.

AHUJA, M. IT road warriors: balancing work-family conflict, job autonomy, and work overload to mitigate turnover intentions. **MIS Quartely**, vol. 31, n. 1, p. 1-17, Mar. 2007.

AHUJA, M. K. Women in the information technology profession: a literature review, synthesis and research agenda. **European Journal of Information Systems**, vol. 11, n. 1, p. 20-34, Mar. 2002.

AHUJA, M. K.; THATCHER, Bennett, J. Moving beyond intentions and toward the theory of trying: effects of work environment and gender on post-adoption information technology use. **MIS Quarterly**, vol. 29, n. 3, p. 427-459, Sep. 2005.

AIRES, R. W. do A.; MOREIRA, F. K.; FREIRE, P. de S. Indústria 4.0: Competências requeridas aos profissionais da quarta revolução industrial. *In*: VII Congresso Internacional de Conhecimento e Inovação, 7., 2017, Foz do Iguaçu, Paraná. **Anais...** Foz do Iguaçu, PR: CIKI, set. 2017, p. 1-15.

ALLEN, M. W. *et al*. Making sense of the barriers women face in the information technology work force: Standpoint theory, Self-disclosure, and causal maps. **Sex Roles**, vol. 54, n. 11-12, p. 831-844, Oct. 2006.

ALLEN, T. D. *et al*. Career benefits associated with mentoring for protégés: A meta-analysis. **Journal of applied psychology**, vol. 89, n. 1, p. 127, Jan. 2004.

AMBIPAR. **ESG:** por onde começar? 05 maio 2021. Disponível em: <https://www.bravogrc.com/esg-por-onde-comecar/>. Acesso em: 15 ago. 2024.

ANDRADE, A. M.; CERQUEIRA, A. J. F.; OLIVEIRA, J. S. C. Dimensões culturais e comportamento de risco dos brasileiros em ganhos e perdas. *In*: **XV Congresso ANPCONT**, 15., 04- 07 dez. 2021, evento virtual. Disponível em: <https://anpcont.org.br/wp-content/uploads/2022/05/307_merged.pdf>. Acesso em: 19 ago. 2024.

ANNIS, B.; GRAY, J. **Work with me**: The 8 blind spots between men and women in business. New York, NY: Macmillan, 2013.

ARBEX, G., CARMEN, G. Especial Mulheres na Tecnologia: 7 empreendedoras que quebraram as barreiras de gênero no sistema financeiro. **Forbes Tech**, 22 mar. 2021. Disponível em: <https://forbes.com.br/forbes-tech/2021/03/especial-mulheres-na-tecnologia-7-empreendedoras-que-quebraram-as-barreiras-de-genero-no-sistema-financeiro/>. Acesso em: 15 ago. 2024.

ARMSTRONG, D. J. et al. Advancement, voluntary turnover and women in IT: A cognitive study of work-family conflict. **Information and Management**, vol. 44, n. 2, p. 142-153, Jan. 2007.

ARMSTRONG, D. J. *et al*. Revisiting the barriers facing women in information systems. **Journal of Computer Information Systems**, vol. 53, n. 2, p. 65-74, Dec. 2012.

ARMSTRONG, D. J.; RIEMENSCHNEIDER, C. K.; GIDDENS, L. G. The advancement and persistence of women in the information technology profession: An extension of Ahuja's gendered theory of IT career stages. **Information Systems Journal**, vol. 28, n. 6, p. 1082-1124, Jan. 2018.

ASHCRAFT, C.; MCLAIN, B.; EGER, E. Women in tech: the facts. **National Center for Women Information Technology**, vol. 4, n. 2, p. 1-76, Mar. 2016.

BARTOLO, G.; MUNHOZ, B.; ALGODOAL, J. **Vieses de gênero**. [s.l.]: Warana Treinamentos e Consultoria, 2021.

BATISTA, L.; MATTOS, L. Sem atalhos: transformando o discurso em ações efetivas para promover a liderança feminina. **Bain & Company**, 03 jul. 2019. Disponível em: <https://www.bain.com/pt-br/insights/No-shortcuts-turning-the-speech-into-effective-actions-to-promote-female-leadership/>. Acesso em: 15 ago. 2024.

BAZERMAN, M. H.; TENBRUNSEL, A. E. **Blind spots:** why we fail to do what's right and what to do about it. Princeton, NJ: Princeton University Press, 2013.

BEAUVOIR, S. **O Segundo Sexo**. 2 ed. Trad. Sergio Milliet. São Paulo: Difusão Europeia do Livro, 1967.

BIANCHI, P. Mulheres na tecnologia: como está a presença delas no mercado de TI? **Inforchannel**, 08 mar. 2021. Disponível em: <https://inforchannel.com.br/2021/03/08/mulheres-na-tecnologia-como-esta-a-presenca-delas-no-mercado-de-ti/>. Acesso em: 15 ago. 2024.

BLOG.CT. **Mulheres no mercado de trabalho:** como as soft skills destacam você. Disponível em: <https://www.ciadetalentos.com.br/blog/mulheres-no-mercado-de-trabalho-como-as-soft-skills-destacam-voce/>. Acesso em: 15 ago. 2024.

BRASSCOM. **Estudo da Brasscom aponta demanda de 797 mil profissionais de tecnologia até 2025.** 01 dez. 2021. Disponível em : <https://brasscom.org.br/estudo-da-brasscom-aponta-demanda-de-797-mil-profissionais-de-tecnologia-ate-2025/>. Acesso em: 14 ago. 2024.

BUFFER. **State of Remote Work 2023.** Disponível em: <https://www.getabstract.com/en/summary/state-of-remote-work-2023/47150>. Acesso em: 14 ago. 2024.

BUTLER, J. **Desfazendo gênero.** São Paulo: Unesp, 2022.

CALLIS, A. G. de. Turnover em TI: como analisar e criar estratégias para evitá-lo. **IT Forum**, 29 fev. 2020. Disponível em: <https://itforum365.com.br/turnover-em-ti-como-analisar-e-criar-estrategias-para-evita-lo/>. Acesso em: 15 ago. 2024.

CHAMORRO-PREMUZIC, T. Should You Care About Your Unconscious Biases? **Forbes**, Aug. 20, 2018. Disponível em: <https://www.forbes.com/sites/tomaspremuzic/2018/08/20/should-you-care-about-your-unconscious-biases/#72cac1864498>. Acesso em: 15 ago. 2024.

CRESWELL, J. W.; CRESWELL, J. D. **Projeto de pesquisa:** métodos qualitativo, quantitativo e misto. São Paulo: Penso Editora, 2021.

CROASDELL, D.; MCLEOD, A.; SIMKIN, M. G. Why don't more women major in information systems? **Management Information Systems**, vol. 24, p. 1-4, Jan. 2022.

CSIKSZENTMIHALYI, M. **Flow:** the psychology of optimal experience. New York, NY: Harper Perennial, 2008.

CUNNINGHAM, M. The influence of parental attitudes and behaviors on children's attitudes toward gender and household labor in early adulthood. **Journal of Marriage and family**, vol. 63, n. 1, p. 111-122, 2001.

DE ROJAS, J. The ROI of a gender-balanced workforce. **Computer Weekly**, 2015.

DELANEY, J. M.; DEVEREUX, P. J. Understanding gender differences in STEM: Evidence from college applications. **Economics of Education Review**, vol. 72, p. 219-238, Oct. 2019. Disponível em: <https://doi.org/10.1016/j.econedurev.2019.06.002>. Acesso em: 15 ago. 2024.

DISTRITO; B2MAMY; ENDEAVOR. **Female Founders Report 2021.** 2021. Disponível em: <https://materiais.distrito.me/report/female-founders-report>. Acesso em: 15 ago. 2024.

DOBBIN, F.; KALEV, A. Why diversity programs fail. **Harvard Buisness Review**, July-Aug. 2016.

DOBSCHA, S. The Gendered Nature of the Evolving Technoscape: Evaluating Identity, Representation, and Locality. **Advances in Consumer Research**, vol. 31, n. 1, p. 152-161, 2004.

DWECK, C. S. **Mindset:** a nova psicologia do sucesso. Rio de Janeiro: Objetiva, 2017.

DYNIEWICZ, L. Diferença salarial entre homens e mulheres vai a 22%, diz IBGE. **CNN Brasil**, 08 mar. 2023. Disponível em: <https://www.cnnbrasil.com.br/economia/macroeconomia/diferenca-salarial-entre-homens-e-mulheres-vai-a-22-diz-ibge/>. Acesso em: 16 ago. 2024.

ENGENHARIA DE COMUNICAÇÃO. Mercado de tecnologia oferece oportunidade para mulheres, mas ainda emprega pouco. **Paranashop**, 26 maio 2021. Disponível em: <https://paranashop.com.br/2021/05/mercado-de-tecnologia-oferece-oportunidade-para-mulheres-mas-ainda-emprega-pouco/>. Acesso em: 15 ago. 2024.

ÉPOCA NEGÓCIOS ONLINE. Perfis femininos têm 13% menos chances de serem analisados por recrutadores, diz LinkedIn. **Época Negócios**, 07 mar. 2019. Disponível em: <https://epocanegocios.globo.com/Carreira/noticia/2019/03/perfis-femininos-tem-13-menos-chances-de-serem-analisados-por-recrutadores-diz-linkedin.html>. Acesso em: 16 ago. 2024.

ÉPOCA NEGÓCIOS ONLINE. Ter mulheres em cargos de liderança gera mais lucro às empresas, diz estudo. **Época Negócios**, 11 fev. 2016. Disponível em: <https://epocanegocios.globo.com/Empresa/noticia/2016/02/ter-mulheres-em-cargos-de-lideranca-gera-mais-lucro-empresas-diz-estudo.html>. Acesso em: 20 ago. 2024.

ESTÉS, C. P. **Mulheres que correm com os lobos:** mitos e histórias do arquétipo da mulher selvagem. Rio de Janeiro: Rocco, 2018.

EXTRA. Para 86% das mulheres, a maternidade é vista de forma negativa no mercado de trabalho. **Extra Economia**, 13 maio 2024. Disponível em: <https://extra.globo.com/economia/noticia/2024/05/para-86percent-das-mulheres-a-maternidade-e-vista-de-forma-negativa-no-mercado-de-trabalho.ghtml>. Acesso em: 16 ago. 2024.

FEENEY, M. K.; FUSI, F. A critical analysis of the study of gender and technology in government. **Information Polity**, vol. 26, n. 2, p. 115-129, Mar. 2021.

FINE, C. **Delusions of gender:** how our minds, society, and neurosexism create difference. New York, NY: W.W. Norton & Company, 2011.

FONSECA, M. 10 mulheres que transformam o empreendedorismo e a tecnologia no Brasil. **Exame**, 08 mar. 2019. Disponível em: <https://exame.com/pme/10-mulheres-que-transformam-o-empreendedorismo-e-a-tecnologia-no-brasil/>. Acesso em: 15 ago. 2024.

FRIEDE, G.; BUSCH, T.; BASSEN, A. ESG and financial performance: aggregated evidence from more than 2000 empirical studies. **Journal of Sustainable Finance and Investment**, vol. 5, n. 4, p. 210–233, June 2015.

GARTNER. **Talent Pulse:** Women Have Shone During the Global Coronavirus Crisis, but They Are Exhausted. Apr. 08, 2021.

GAWANDE, A. **The checklist manifesto:** how to get things right. New York, NY: Metropolitan Books, 2009.

GELENSKE, T. Maternidade dentro das organizações: do sonho publicitário à desilusão real. **HSM Management**, 06 jul. 2024. Disponível em: <https://www.revistahsm.com.br/post/maternidade-dentro-das-organizacoes-do-sonho-publicitario-a-desilusao-real>. Acesso em: 15 ago. 2024.

GEM. **Entrepreneurial Behaviour and Attitudes.** 2023. Disponível em: <https://www.gemconsortium.org/economy-profiles/brazil-2>. Acesso em: 16 ago. 2024.

GOLDIN, C.; KATZ, L. F.; KUZIEMKO, I. The homecoming of American college women: The reversal of the college gender gap. **Journal of Economic Perspectives**, vol. 20, n. 4, p. 133–156, Sep. 2006.

GORDON, B. L. A.; SMITH, R. H.; LOEB, M. P. Market value of voluntary disclosures concerning information security. **MIS Quarterly**, vol. 34, n. 3, p. 567-594, Mar. 2010.

GRANT, A. **Dar e receber:** uma abordagem revolucionária sobre sucesso, generosidade e influência. Rio de Janeiro: Sextante, 2014.

GRANT, A. **Originais:** como os inconformistas mudam o mundo. Rio de Janeiro: Sextante, 2017.

GRANT, A. **Pense de novo:** o poder de saber o que você não sabe. Rio de Janeiro: Sextante, 2021.

GROYSBERG, B.; CONNOLLY, K. Great Leaders Who Make the Mix Work. **Harvard Business Review**, Sep. 2013. Disponível em: <https://hbr.org/2013/09/great-leaders-who-make-the-mix-work>. Acesso em: 15 ago. 2024.

HARARI, Y. N. **21 lições para o século 21.** São Paulo: Companhia das Letras, 2018.

HARARI, Y. N. **Homo Deus:** uma breve história do amanhã. São Paulo: Companhia das Letras, 2016.

HARARI, Y. N. **Sapiens:** uma breve história da humanidade. Porto Alegre: L&PM, 2015.

HEILMAN, M. E. Gender stereotypes and workplace bias. **Research in Organizational Behavior**, vol. 32, p. 113-135, 2012.

HELDER, D. Apagão Profissional: há vagas abertas, mas talentos estão fugindo do Brasil. **Tecnoblog**, out. 2021. Atualizado em maio 2023. Disponível em: <https://tecnoblog.net/especiais/darlan-helder/apagao-profissional-ha-vagas-abertas-mas-talentos-estao-fugindo-do-brasil/>. Acesso em: 15 ago. 2024.

HELDER, D. Brasil terá déficit de 530 mil profissionais de tecnologia até 2025, mostra estudo do Google. **G1 Trabalho e Carreira**, 31 maio 2023. Disponível em: <https://g1.globo.com/trabalho-e-carreira/noticia/2023/05/31/brasil-tera-deficit-de-530-mil-profissionais-de-tecnologia-ate-2025-mostra-estudo-do-google.ghtml>. Acesso em: 16 ago. 2024.

HEWLETT, S. A.; LUCE, C. B.; SERVON, L. J. Stopping the exodus of women in science. **Harvard Business Review**, June 2008.

HILL, N. **Mais Esperto que o Diabo.** Porto Alegre: CDG, 2015.

HOFSTEDE, G. **Culture's Consequences:** international differences in work-related values. Beverly Hills, CA: SAGE Publications, 1980.

HOYT, C. L.; SIMON, S. Social psychological approaches to women and leadership theory. *In*: MADSEN, S. R. (ed.). **Handbook of research on gender and leadership.** Cheltenham: Edward Elgar Publishing, 2017, p. 85-99.

HUNT, V. et al. Delivering through diversity. **McKinsey & Company**, Jan. 18, 2018.

HUNTER, J. C. **O Monge e o Executivo.** Rio de Janeiro: Sextante, 1989.

IBRAHIM, E. **Economia Exponencial:** da disrupção à abundância em um mundo repleto de máquinas. Rio de Janeiro: Alta Books, 2021.

ILO. **World Employment and Social Outlook – Trends 2022.** 2022. Disponível em: <https://www.ilo.org/global/research/global-reports/weso/trends2022/lang--en/index.htm>. Acesso em: 15 ago. 2024.

IMTIAZ, N. *et al*. Investigating the Effects of Gender Bias on GitHub. *In*: IEEE/ACM 41st International Conference on Software Engineering (ICSE), 41., 2019, Montreal, Canada. **Proceedings...** IEEE, 2019, p. 700-711.

INEP. **Mulheres são maioria na Educação Superior brasileira.** 08 mar. 2018. Atualizado em 31 out. 2022. Disponível em: <https://www.gov.br/inep/pt-br/assuntos/noticias/censo-da-educacao-superior/mulheres-sao-maioria-na-educacao-superior-brasileira>. Acesso em: 14 ago. 2024.

INTERNATIONAL LABOUR ORGANIZATION. **Women in Business and Management:** The business case for change. May 22, 2019. Disponível em: <https://www.ilo.org/publications/women-business-and-management-business-case-change-0>. Acesso em: 15 ago. 2024.

JIANG, J. J.; KLEIN, G. A Discrepancy Model of Information System Personnel Turnover. **Journal of Management Information Systems**, vol. 19, n. 2, p. 249-272, Oct. 2002.

KAHNEMAN, D. **Thinking, Fast and Slow.** New York, NY: Farrar, Straus and Giroux, 2011.

KAHNEMAN, D.; SIBONY, O.; SUNSTEIN, C. R. **Ruído:** uma falha no julgamento humano. Rio de Janeiro: Objetiva, 2021.

KAPLAN, S. Gender Analytics: how gender-based insights create value. **Rotman Management**, Sep. 2021.

KERR, G. T.; POLLACK, A. Barriers and Gender Norms. **Catalyst**, Jan. 2022.

KILBOURNE, W.; WEEKS, S. A socio-economic perspective on gender bias in technology. **Journal of Socio-Economics**, vol. 26, n. 3, p. 243-260, Aug. 1997.

KLEIN, H. K.; MYERS, M. D. A set of principles for conducting and evaluating interpretive field studies in information systems. **MIS quarterly**, Ireland, v. 4, n. 8, p. 67-93, ago. 1999.

KORN FERRRY INSTITUTE. **Women CEOs Speak.** 2017. Disponível em: <https://www.getabstract.com/pt/resumo/women-ceos-speak/34587?st=RELATED&si=28409>. Acesso em: 15 ago. 2024.

KVASNY, L. Let the Sisters Speak: Understanding Information Technology from the Standpoint of the 'Other'. **Data Base for Advances in Information Systems**, vol. 37, n. 4, p. 13-25, Sep. 2006.

LEANIN. **About Circles:** what they are and how to lead your own. Disponível em: <https://leanin.org/circles-guide>. Acesso em: 14 ago. 2024.

LEMONS, M. A.; PARZINGER, M. J. Designing women: A qualitative study of the glass ceiling for women in technology. **S.A.M. Advanced Management Journal; Corpus Christi**, vol. 66, n. 2 (Spring 2001).

LEONARD, J. S. Women and Affirmative Action. **Journal of Economic Perspectives**, vol. 3, n. 1, p. 61-75, Oct. 1989.

LEWIS, S.; LANG, C.; MCKAY, J. An inconvenient truth: The invisibility of women in ICT. **Australasian Journal of Information Systems**, vol. 15, n. 1, p. 59-76, June 2007.

LIMA, B. Mercado tech ainda é território a ser conquistado pelas mulheres. **Forbes**, 11 jan. 2022. Disponível em: <https://forbes.com.br/forbes-mulher/2022/01/mulheres-na-tecnologia-um-espaco-a-ser-conquistado/>. Acesso em: 15 ago. 2024.

LIPMAN, J. **Escute o que ela diz:** viés inconsciente – o que os homens precisam saber (e as mulheres têm a dizer) sobre trabalhar juntos. [S.l.]: Primavera Editorial, 2019.

LIPMAN, J. **That's what she said**: what men need to know (and women need to tell them) about working together. New York, NY: William Morrow, 2018.

MACHADO, C.; PINHO NETO, V. R. de. The Labor Market Consequences of Maternity Leave Policies: Evidence from Brazil. **Think Tank FGV**, São Paulo, p. 1-25, out. 2016. Disponível em: <https://portal.fgv.br/sites/portal.fgv.br/files/the_labor_market_consequences_of_maternity_leave_policies_evidence_from_brazil.pdf>. Acesso em: 15 ago. 2024.

MANITA, R. et al. Board gender diversity and ESG disclosure: evidence from the USA. **Journal of Applied Accounting Research**, vol. 19, n. 2, p. 206-224, Apr. 2018.

MCKINSEY & COMPANY. **Mulheres no Local de Trabalho em 2023.** 05 out. 2023. Disponível em: <https://www.mckinsey.com/featured-insights/destaques/mulheres-no-local-de-trabalho-em-2023/pt>. Acesso em: 16 ago. 2024.

MCKINSEY & COMPANY. **Women in the workplace 2023.** Disponível em: <https://womenintheworkplace.com/>. Acesso em: 14 ago. 2024.

MIRELLE, B. Mulheres são líderes melhores durante as crises, diz estudo. **Forbes,** 16 fev. 2021. Disponível em: <https://forbes.com.br/carreira/2021/02/mulheres-sao-lideres-melhores-durante-as-crises-diz-estudo/>. Acesso em: 20 ago. 2024.

MOSS-RACUSIN, C. A. et al. Science faculty's subtle gender biases favor male students. **Proceedings of the National Academy of Sciences**, vol. 109, n. 41, p. 16474-16479, 2012.

MULHERES na tecnologia: cenário, desafios e nomes que marcaram a história. **CNN Brasil**, 11 maio 2023. Atualizado em 05 jun. 2023. Disponível em: <https://www.cnnbrasil.com.br/tecnologia/mulheres-na-tecnologia/>. Acesso em: 16 ago. 2024.

NADELLA, S. **Aperte F5.** São Paulo: Benvirá, 2018.

OIT. **Reduzir a desigualdade de gênero beneficiaria as mulheres, a sociedade e a economia.** 14 jun. 2017. Disponível em: <https://www.ilo.org/pt-pt/resource/news/reduzir-desigualdade-de-genero-beneficiaria-mulheres-sociedade-e-economia>. Acesso em: 15 ago. 2024.

OLIVEIRA, C. M. A. M. **Mulheres nas organizações brasileiras:** uma análise dos fatores que impulsionam e desafiam a equidade de gênero na área de tecnologia da informação. 2022. 88f. Trabalho Aplicado (Mestre em Gestão para a Competitividade) – Fundação Getúlio Vargas, São Paulo, 2022.

ONU MULHERES BRASIL. **Por um planeta 50-50 em 2030.** Disponível em: <http://www.onumulheres.org.br/planeta5050-2030/paridade/>. Acesso em: 15 ago. 2024.

PAES, C. Discriminação na hora de contratar é crime. **Correio Lageano**, 12 set. 2019. Disponível em: <https://clmais.com.br/discriminacao-na-hora-de-contratar-e-crime/>. Acesso em: 19 ago. 2024.

PAL, K. K.; PIAGET, K.; ZAHIDI, S. Global Gender Gap Report 2024. **World Economic Forum**, June 11, 2024. Disponível em: <https://www.weforum.org/publications/global-gender-gap-report-2024/>. Acesso em: 14 ago. 2024.

PELAJO, C. et al. (coords.). **Uma sobe e puxa a outra:** histórias reais para impulsionar mais mulheres. [S.l.]: Literare Books International, 2023.

PELTA, R. Survey: Men & Women experience remote work differently. **FlexJobs**, s.d. Disponível em: <https://www.flexjobs.com/blog/post/men-women-experience-remote-work-survey/>. Acesso em: 14 ago. 2024.

PICCOLOTTO, L. Maior participação das mulheres na tecnologia pode se tornar realidade. **Canal Tech**, 16 mar. 2021. Disponível em: <https://canaltech.com.br/mercado/maior-participacao-das-mulheres-na-tecnologia-pode-se-tornar-realidade-180589/>. Acesso em: 15 ago. 2024.

POR QUE as mulheres "desapareceram" dos cursos de computação? **Jornal da USP**, 07 mar. 2018. Atualizado em 08 jul. 2022. Disponível em: <https://jornal.usp.br/universidade/por-que-as-mulheres-desapareceram-dos-cursos-de-computacao/>. Acesso em: 15 ago. 2024.

POR QUE mulheres se sobressaem quando o assunto é inteligência emocional? **Estado de Minas**, 22 maio 2023. Disponível em: <https://www.em.com.br/app/noticia/saude-e-bem-viver/2023/05/22/interna_bem_viver,1496869/por-que-mulheres-se-sobressaem-quando-o-assunto-e-inteligencia-emocional.shtml>. Acesso em: 20 ago. 2024.

PROCTOR, J. Transforming a Hero Culture. **Inteq Group**, July 19, 2024. Disponível em: <https://www.inteqgroup.com/blog/transforming-a-hero-culture>. Acesso em: 15 ago. 2024.

PWC. **Women in Work Index 2023:** como acabar definitivamente com a disparidade salarial entre gêneros: foco na 'penalidade pela maternidade'. Disponível em: <https://www.pwc.com.br/pt/estudos/servicos/consultoria-negocios/2023/women-in-work-index-2023.html>. Acesso em: 16 ago. 2024.

REDAÇÃO IMASTERS. Mulheres ainda são minoria, mas têm participação cada vez maior na tecnologia. **iMasters**, 08 mar. 2019. Disponível em: <https://imasters.com.br/noticia/mulheres-na-tecnologia>. Acesso em: 16 ago. 2024.

REDAÇÃO MARIE CLAIRE. 48% das mulheres são demitidas após licença-maternidade. **Marie Claire**, 06 set. 2017. Disponível em: <https://revistamarieclaire.globo.com/Mulheres-do-Mundo/noticia/2017/09/50-das-mulheres-sao-demitidas-apos-licenca-maternidade.html>. Acesso em: 19 ago. 2024.

RIES, E. **A Startup Enxuta.** Rio de Janeiro: Sextante, 2019.

ROLLINGS, M.; LOGAN, D.; ROZWELL, C. Building Momentum for Diversity and Inclusion Programs in IT. **Gartner**, Dec. 14, 2018.

ROMA, A.; MOURA, T. (coords.). **Mulheres na Tecnologia.** Vol. 1. (Série Mulheres). São Paulo: Leader, 2022.

RUIZ, D. M. **Os quatro compromissos:** o livro da filosofia tolteca. 38.ed. Rio de Janeiro: Best Seller, 2021.

SALOMÃO, M. Apagão na área de TI: sobram vagas, mas falta mão de obra. **Correio Braziliense**, 23 maio 2021. Disponível em: <https://www.correiobraziliense.com.br/euestudante/trabalho-e-formacao/2021/05/4926392-apagao-na-area-de-ti-sobram-vagas-mas-falta-mao-de-obra.html.>. Acesso em: 15 ago. 2024.

SANDBERG, S. **Faça acontecer:** mulheres, trabalho e a vontade de liderar. São Paulo: Companhia das Letras, 2013.

SANDBERG, S. **Lean In:** women, work, and the will to lead. New York, NY: Knopf Publishing Group, 2013.

SANTANDER. **5 mulheres de destaque no mercado de tecnologia para se inspirar!** Disponível em: <https://santandernegocioseempresas.com.br/conhecimento/empreendedorismo/mulheres-de-destaque/>. Acesso em: 15 ago. 2024.

SCHWAB, K. **A Quarta Revolução Industrial.** São Paulo: Edipro, 2018.

SERENKO, A.; TUREL, O. Why are women underrepresented in the american IT industry? The role of explicit and implicit gender identities. **Journal of the Association for Information Systems**, vol. 22, n. 1, p. 41-66, 2021.

SHEN, S. et al. Coronavirus (COVID-19) Outbreak: Short- and Long- Term Actions for CIOs. **Gartner**, s.d. Disponível em: <https://www.gartner.com/en/doc/720647-covid-19-outbreak-short-and-long-term-actions-for-cios>. Acesso em: 15 ago. 2024.

SHUTTLEWORTH, T. Women and computer technology: Have the promises of equal opportunities been fulfilled? **Women in Management Review**, vol. 7, n. 7, 1992.

SIENKOWSKI, M.; LOGAN, D. How CIOs Can Dismantle IT's Hero Culture to Support Gender Diversity, Equity and Inclusion. **Gartner**, July 08, 2021.

SIMARD, C. et al. **Climbing the Technical Ladder:** Obstacles and Solutions for Mid-Level women in Technology. Michelle R. Clayman Institute for Gender Research; Anita Borg Institute for Women and Technology, 2014. Disponível em: <https://gender.stanford.edu/sites/gender/files/climbing_the_technical_ladder.pdf>. Acesso em: 15 ago. 2024.

SINEK, S. **Comece pelo Porquê:** como grandes líderes inspiram pessoas e equipes a agir. Rio de Janeiro: Sextante, 2018.

SOUSA, S. et al. Análise da Não Participação Feminina nos Cursos de Informática em Escolas Estaduais de Educação Profissional. *In*: VIII Escola Regional de Computação do Ceará, Maranhão e Piauí, 8., 2020. **Anais...** SBC, 2020, p. 212-219.

STEINPREIS, R. E.; ANDERS, K. A.; RITZKE, D. The impact of gender on the review of the curricula vitae of job applicants and tenure candidates: A national empirical study. **Sex Roles**, vol. 41, n. 7-8, p. 509-528, Aug. 1999.

STRUCKMAN, C. Confront Behaviors That Marginalize Employees. **Gartner**, Apr. 14. 2021.

STRUCKMAN, C. Recruit, Retain and Report to Improve Representation of Women in IT. **Gartner (G00380133)**, May 31st, 2019.

SULEYMAN, M.; BHASKAR, M. **A próxima onda:** inteligência artificial, poder e o maior dilema do século XXI. Rio de Janeiro: Record, 2023.

SUMNER, M.; NIEDERMAN, F. The impact of gender differences on job satisfaction, job turnover, and career experiences of information systems professionals. **Journal of Computer Information Systems**, vol. 44, n. 2, p. 29-39, 2004.

TANAS, Lukasz et al. Females and STEM: The Anna Karenina Principle [Commentary]. **IEEE Technology and Society Magazine**, vol. 39, n. 1, p. 12-15, 2020.

TEIGEN, M. The affirmative action controversy. **Nora: Nordic Journal of Women's Studies**, vol. 8, n. 2, p. 63-77, 2000.

TOCKEY, D.; IGNATOVA, M. Gender Insights Report: How women find jobs differently. **LinkedIn Talent Solutions,** 2019. Disponível em: <https://business.linkedin.com/content/dam/me/business/en-us/talent-solutions-lodestone/body/pdf/Gender-Insights-Report.pdf>. Acesso em: 14 ago. 2024.

TOLBA, M. K.; EL-KHOLY, O. A. A longitudinal evaluation of senior managers' perceptions and attitudes of a workplace diversity training program. **People and Strategy**, vol. 30, n. 2, p. 38, 2007.

TOUGAS, F.; VEILLEUX, F. Who likes affirmative action: attitudinal processes among men and women. *In*: BLANCHARD, E. A.; CROSBY, F. J. **Affirmative action in perspective**. (Recent Research in Psychology). New York, NY: Springer, 1989, p. 111-124.

TRÊS fatores que podem atrapalhar as mulheres na busca por emprego, segundo o LinkedIn. **BBC News Brasil**, 28 mar. 2019. Disponível em: <https://www.bbc.com/portuguese/internacional-47714368>. Acesso em: 16 ago. 2024.

U.S. BUREAU OF LABOR STATISTICS. **Highlights of women's earnings in 2020**. Report 1094. Sep. 2021. Disponível em: <https://www.bls.gov/opub/reports/womens-earnings/2020/home.htm>. Acesso em: 15 ago. 2024.

UNESCO. **Decifrar o código**: educação de meninas e mulheres em ciências, tecnologia, engenharia e matemática (STEM). 2018. Disponível em: <https://unesdoc.unesco.org/ark:/48223/pf0000264691>. Acesso em: 14 ago. 2024.

UNESCO. **Do acesso ao empoderamento:** estratégia da UNESCO para a igualdade de gênero na e por meio da educação para 2019-2025. 2019. Disponível em: <https://unesdoc.unesco.org/ark:/48223/pf0000372464>. Acesso em: 14 ago. 2024.

VERONESE, J. Soft skills e hard skills: como funciona o desenvolvimento de habilidades? **Berlitz**, 29 ago. 2023. Disponível em: <https://www.berlitz.com/pt-br/blog/soft-skills-e-hard-skills>. Acesso em: 20 ago. 2024.

VIAL, Gregory. Understanding digital transformation: A review and a research agenda. **The journal of strategic information systems**, vol. 28, n. 2, p. 118-144, 2019.

WAJCMAN, J. Reflections on gender and technology studies: In what state is the art? **Social studies of science**, vol. 30, n. 3, p. 447-464, 2000.

WATKINS, M. **Os primeiros 90 dias:** estratégias de sucesso para novos líderes. Rio de Janeiro: Alta Books, 2019.

WEINBERGER, C. J. Just ask! Why surveyed women did not pursue IT courses or careers. **IEEE Technology and Society Magazine**, vol. 23, n. 2, p. 28-35, 2004.

WIBBEKE, E. S.; MCARTHUR, S. **Global business leadership.** New York, NY: Routledge, 2013.

WILLIAMS, J. C. **Bias Interrupted:** Creating Inclusion for Real and for Good. Boston: Harvard Business Review Press, 2021.

WILLIAMS, J. C. The 5 biases pushing women out of STEM. **Harvard Business Review**, vol. 201, Mar. 24, 2015.

WOEGERBAUER, B. **Compensation effects in a socially responsible investment context.** 2019. 69f. Tese (Master in International Management) – Escola de Administração de Empresas de São Paulo, Fundação Getúlio Vargas, São Paulo, 2019.

WOETZEL, L. et al. The power of parity: how advancing women's equality can add $12 trillion to global growth. **McKinsey Global Institute**, Sep. 1, 2015.

WOMEN IN TECH. **Elephant in the Valley.** Disponível em: <https://www.elephantinthevalley.com/intro>. Acesso em: 15 ago. 2024.

WOOTEN, L. **A Mother's Thoughts.** [S.l.]: Winston-Derek Publishers, 1990.

YOUNG, A. G.; WIGDOR, A. D.; KANE, G. C. The Gender Bias Tug-of-War in a Co-creation Community: Core-Periphery Tension on Wikipedia. **Journal of Management Information Systems**, vol. 37, n. 4, p. 1047-1072, Nov. 2020.

ZHANG, Y.; GROS, T.; MAO, E. Gender Disparity in Students' Choices of Information Technology Majors. **Business Systems Research: International journal of the Society for Advancing Innovation and Research in Economy**, vol. 12, n. 1, p. 80-95, 2021.

Brasport

Sobre a Brasport

Há 29 anos, a Brasport é referência em publicações de tecnologia, gestão e carreira.

Nosso catálogo, disponível em **www.editorabrasport.com.br**, é composto por obras que você encontra tanto em livrarias físicas, como na Amazon e em eventos especializados.

Além disso, nossas publicações estão acessíveis em uma plataforma digital que alcança 4 milhões de assinantes, distribuídos em 900 universidades e empresas.

Quer se unir a essa trajetória de sucesso? Entre em contato conosco pelo e-mail: **administrativo@brasport.com.br**

BRASPORT